Kezdők Mediterrán Konyhája

Az Ízletes És Egészséges Ételek Útmutatója

Zsófia Nagy

Összegzés

Földközi-tengeri sügér 9
Krémes füstölt lazac tészta 11
Slow Cooker görög csirke 13
Grillcsirke 15
Lassú tűzhely csirke cassoulet 17
Görög sült pulyka 20
Fokhagymás csirke kuszkuszos 22
Csirke Karahi 24
Csirke Cacciatore árpával 26
Lassan főtt provence-i daube 28
Párolt borjúhús 30
Slow Cooker Marha Bourguignon 32
Balzsames marhahús 35
Sült borjúhús 37
Mediterrán rizs és kolbász 39
Spanyol húsgombóc 40
Karfiol citrusos szósszal és olajbogyóval 42
Tészta Pisztácia Pestóval és Mentával 44
Sült tofu szárított paradicsommal és articsókával 46
Sült mediterrán tempeh paradicsommal és fokhagymával 48
Sült portobello gomba kelkáposztával és lilahagymával 51
Ricottával, bazsalikommal és pisztáciával töltött cukkini 55
Tönköly sült paradicsommal és gombával 57
Sült árpa padlizsánnal, mángollal és mozzarellával 60

Árpa rizottó paradicsommal 62

Csicseriborsó és kelkáposzta fűszeres paradicsomszósszal 64

Sült feta kelkáposztával és citromjoghurttal 66

Sült padlizsán és csicseriborsó paradicsomszósszal 68

Portobello Caprese 70

Gombával és sajttal töltött paradicsom 72

Tabbouleh 74

Fűszeres Brokkoli Rabe és Articsóka Szívek 76

Shakshuka 78

Spanakopita 80

Tagine 82

Citrusos pisztácia és spárga 84

Töltött padlizsán paradicsommal és petrezselyemmel 86

lecsó 88

gemist 90

Töltött káposzta tekercs 92

Kelbimbó balzsammázzal 94

Spenót saláta citrusos vinaigrette-vel 96

Egyszerű zeller és narancs saláta 98

Sült padlizsán tekercs 100

Sült zöldségek és egy tál barna rizs 102

Karfiol sárgarépával 104

Fokhagymás cukkini kockák mentával 105

Tál cukkini és articsóka Faroval 106

Cukkinis palacsinta 5 hozzávalóval 108

Linguine tenger gyümölcseivel 110

Gyömbéres garnélarák és paradicsomszósz 112

Garnélás tészta 115

mediterrán tőkehal 117

Kagyló fehérborban 119

Kapros lazac 121

mediterrán lazac 123

Tonhal dallam 124

Ízletes steakek 125

Gyógynövényes lazac 126

Füstölt mázas tonhal 127

Ropogós laposhal 128

Könnyű és finom tonhal 129

Kagyló O' Marina 130

Lassan főtt mediterrán marhasült 131

Lassan főtt mediterrán marhahús articsókkal 133

Lassan főtt sovány, mediterrán stílusú sült 135

Slow Cooker Fasírt 137

Slow Cooker mediterrán marhahús 139

Mediterrán sertéssült 141

Marhahús pizza 143

Marha és bulgur húsgombóc 146

Ízletes marhahús és brokkoli 148

Marha Kukorica Chili 149

Balzsames marhahús étel 150

Marhasült szójaszósszal 152

Marhasült rozmaringgal 154

Sertésborda és paradicsomszósz 156

Csirke kapribogyómártással 157

Pulyka burger mangó salsával 159

Sült pulykamell gyógynövényekkel 161

Csirke és pepperoni kolbász 163

Piccata csirke 165

Toszkán Csirke Serpenyőben 167

Kapama csirke 169

Spenóttal és fetasajttal töltött csirkemell 171

Sült csirkecomb rozmaringgal 173

Csirke hagymával, burgonyával, fügével és sárgarépával 174

Csirke és Tzatziki 176

moussaka 178

Dijoni sertés szűzpecsenye fűszernövényekkel 180

Steak gombamártással és vörösborral 182

Görög húsgombóc 185

Bárányhús zöldbabbal 187

Csirke paradicsomszószban és balzsamecmártásban 189

Barna rizs saláta feta sajttal, friss borsóval és mentával 191

Integrált pita kenyér olajbogyóval és csicseriborsóval töltött 193

Sült sárgarépa dióval és Cannellini babbal 195

Fűszerezett vajas csirke 197

Dupla csirke szalonnával és sajttal 199

Garnélarák citrommal és borssal 201

Panírozott és fűszerezett laposhal 203

Curry lazac mustárral 205

Diós és rozmaringos kérges lazac 206

Gyors spagetti paradicsommal 208

Sült chilis oregánó sajt 210

311. Ropogós olasz csirke 210
Fűszerezett buggyantott körte 212
Áfonya almaszósz 214
Áfonya összetétele 216
Aszalt gyümölcs kompót 218
Csokoládé rizspuding 219

Földközi-tengeri sügér

Elkészítési idő: 10 perc

Főzési idő: 25 perc

Adagok: 4

Nehézségi szint: közepes

Hozzávalók:

- 4 tengeri sügér filé
- 4 gerezd fokhagyma szeletelve
- 1 szár zeller szeletelve
- 1 szeletelt cukkini
- 1 c. félbevágott koktélparadicsom
- 1 medvehagyma, szeletelve
- 1 teáskanál. szárított oregánó
- Só, bors

Javallatok:

Egy tálban keverjük össze a fokhagymát, a zellert, a cukkinit, a paradicsomot, a medvehagymát és az oregánót. Sózzuk, borsozzuk ízlés szerint. Vegyünk 4 sütőpapírt, és helyezzük el őket a munkafelületen. Öntsük a zöldségkeveréket minden lap közepére.

A tetejére halfilét teszünk, majd szorosan papírba csomagoljuk, hogy úgy nézzen ki, mint egy zseb. Helyezze a becsomagolt halat egy serpenyőbe, és előmelegített sütőben, 350 F/176 C-on süsse 15 percig. A halat forrón és frissen tálaljuk.

Táplálkozás (100 grammonként): 149 kalória 2,8 g zsír 5,2 g szénhidrát 25,2 g fehérje 696 mg nátrium

Krémes füstölt lazac tészta

Elkészítési idő: 5 perc

Főzési idő: 35 perc

Adagok: 4

Nehézségi szint: közepes

Hozzávalók:

- 2 evőkanál. olivaolaj
- 2 gerezd darált fokhagyma
- 1 medvehagyma, darálva
- 4 oz. vagy 113 g darált lazac, füstölt
- 1 c. zöldborsó
- 1 c. tejszín
- Só, bors
- 1 csipet chili pehely
- 8 oz. vagy 230 g penne
- 6 c. vízesés

Javallatok:

Helyezze a serpenyőt közepesen magas lángra, és öntse hozzá az olajat. Adjuk hozzá a fokhagymát és a medvehagymát. 5 percig főzzük, vagy amíg megpuhul. Adjuk hozzá a borsót, sózzuk, borsozzuk és a pirospaprika pelyhet. 10 percig főzzük

Adjuk hozzá a lazacot, és főzzük további 5-7 percig. Hozzáadjuk a tejszínt, csökkentjük a lángot, és további 5 percig főzzük.

Közben egy serpenyőt vízzel és ízlés szerint sóval tegyünk magas lángra, amint felforr, hozzáadjuk a pennét és 8-10 percig főzzük, vagy amíg megpuhul. A tésztát lecsepegtetjük, hozzáadjuk a lazacmártáshoz és tálaljuk.

Táplálkozás (100 grammonként): 393 kalória 20,8 g zsír 38 g szénhidrát 3 g fehérje 836 mg nátrium

Slow Cooker görög csirke

Elkészítési idő: 20 perc

Főzési idő: 3 óra

Adagok: 4

Nehézségi szint: közepes

Hozzávalók:

- 1 evőkanál extra szűz olívaolaj
- 2 dkg csont nélküli csirkemell
- ½ teáskanál kóser só
- ¼ teáskanál fekete bors
- 1 (12 uncia) konzerv sült pirospaprika
- 1 csésze Kalamata olajbogyó
- 1 közepes vöröshagyma, felkockázva
- 3 evőkanál vörösborecet
- 1 evőkanál darált fokhagyma
- 1 teáskanál méz
- 1 teáskanál szárított oregánó
- 1 teáskanál szárított kakukkfű
- ½ csésze feta sajt (elhagyható, tálaláshoz)
- Apróra vágott friss fűszernövények: Bazsalikom, petrezselyem vagy kakukkfű bármilyen keveréke (elhagyható, tálaláshoz)

Javallatok:

Kenje meg a lassú tűzhelyet tapadásmentes főzőpermettel vagy olívaolajjal. Főzzük meg az olívaolajat egy nagy serpenyőben. A csirkemell mindkét oldalát fűszerezzük. Amikor az olaj felforrósodott, hozzáadjuk a csirkemelleket, és mindkét oldalukat megpirítjuk (kb. 3 perc).

Ha megsült, tedd át a lassú tűzhelyre. Adjuk hozzá a csirkemellekhez a pirospaprikát, az olajbogyót és a lilahagymát. Próbálja meg a zöldségeket a csirke köré helyezni, és ne közvetlenül a tetejére.

Egy kis tálban keverjük össze az ecetet, a fokhagymát, a mézet, az oregánót és a kakukkfüvet. Miután összeállt, ráöntjük a csirkére. Pároljuk a csirkét 3 órán keresztül, vagy amíg a közepe már nem rózsaszínű. Morzsolt feta sajttal és friss fűszernövényekkel tálaljuk.

Táplálkozás (100 grammonként): 399 kalória 17 g zsír 12 g szénhidrát 50 g fehérje 793 mg nátrium

Grillcsirke

Elkészítési idő: 10 perc

Főzési idő: 4 óra

Adagok: 4

Nehézségi szint: közepes

Hozzávalók:

- 2 font kicsontozott csirkemell vagy csirkemell
- Egy citrom leve
- 3 gerezd fokhagyma
- 2 teáskanál vörösborecet
- 2-3 evőkanál olívaolaj
- ½ csésze görög joghurt
- 2 teáskanál szárított oregánó
- 2-4 teáskanál görög ételízesítő
- ½ kis vöröshagyma, apróra vágva
- 2 evőkanál kapor gyógynövény
- Görög Tzatziki szósz
- 1 csésze natúr görög joghurt
- 1 evőkanál kapor gyógynövény
- 1 kis angol uborka, apróra vágva
- Csipet só és bors
- 1 teáskanál hagymapor
- <u>A feltétekhez:</u>

- Paradicsom
- Apróra vágott uborka
- Vágott vöröshagyma
- Kockára vágott feta sajt
- Morzsolt pita kenyér

Javallatok:

A csirkemellet kockákra vágjuk, és a lassú tűzhelybe tesszük. Adja hozzá a citromlevet, a fokhagymát, az ecetet, az olívaolajat, a görög joghurtot, az oregánót, a görög fűszereket, a lilahagymát és a kaprot a lassú tűzhelyhez, és keverje össze, hogy minden jól elkeveredjen.

Főzzük alacsony lángon 5-6 órán át, vagy nagy lángon 2-3 órán át. Közben hozzáadjuk a tzatziki szószhoz való összes hozzávalót és összekeverjük. Ha jól összeturmixoljuk, tegyük hűtőbe, amíg a csirke megpuhul.

Amikor a csirke elkészült, tálaljuk pita kenyérrel és a fent felsorolt feltétek bármelyikével vagy mindegyikével.

Táplálkozás (100 grammonként): 317 kalória 7,4 g zsír 36,1 g szénhidrát 28,6 g fehérje 476 mg nátrium

Lassú tűzhely csirke cassoulet

Elkészítési idő: 10 perc

Főzési idő: 20 perc

Adagok: 16

Nehézségi szint: közepes

Hozzávalók:

- 1 csésze szárított tengeri bab, beáztatva
- 8 db csontos bőr nélküli csirkecomb
- 1 lengyel kolbász, főzve és apróra vágva (opcionális)
- 1¼ csésze paradicsomlé
- 1 (28 uncia) doboz félbevágott paradicsom
- 1 evőkanál Worcestershire szósz
- 1 teáskanál instant granulált marha- vagy csirkealaplé
- ½ teáskanál szárított bazsalikom
- ½ teáskanál szárított oregánó
- ½ teáskanál paprika
- ½ csésze apróra vágott zeller
- ½ csésze apróra vágott sárgarépa
- ½ csésze apróra vágott hagyma

Javallatok:

Kenje meg a lassú tűzhelyet olívaolajjal vagy tapadásmentes főzőpermettel. Egy keverőtálban keverje össze a paradicsomlevet, a paradicsomot, a Worcestershire szószt, a marhahúslevet, a bazsalikomot, az oregánót és a paprikát. Ügyeljen arra, hogy az összetevők jól össze legyenek keverve.

Helyezze a csirkét és a kolbászt a lassú tűzhelybe, és fedje le a paradicsomlé keverékével. Kiegészítjük zellerrel, sárgarépával és hagymával. 10-12 órán át pároljuk.

Táplálkozás (100 grammonként): 244 kalória 7 g zsír 25 g szénhidrát 21 g

Lassan főtt provanszi csirke

Elkészítési idő: 5 perc

Főzési idő: 8 óra

Adagok: 4

Nehézségi szint: könnyű

Hozzávalók:

- 4 (6 oz) csontos, bőr nélküli csirkemell fél
- 2 teáskanál szárított bazsalikom
- 1 teáskanál szárított kakukkfű
- 1/8 teáskanál só
- 1/8 teáskanál frissen őrölt fekete bors
- 1 sárga paprika, kockára vágva
- 1 piros kaliforniai paprika, felkockázva
- 1 doboz (15,5 oz) cannellini bab
- 1 doboz kis paradicsom bazsalikommal, fokhagymával és oregánóval, lecsepegtetés nélkül

Javallatok:

Kenje meg a lassú tűzhelyet tapadásmentes olívaolajjal. Tegye az összes hozzávalót a lassú tűzhelybe, és keverje össze. 8 órán át pároljuk.

Táplálkozás (100 grammonként): 304 kalória 4,5 g zsír 27,3 g szénhidrát 39,4 g fehérje 639 mg nátrium

Görög sült pulyka

Elkészítési idő: 20 perc

Főzési idő: 7 óra 30 perc

Adagok: 8

Nehézségi szint: közepes

Hozzávalók:

- 1 (4 font) kicsontozott pulykamell, vágva
- ½ csésze csirkehúsleves, osztva
- 2 evőkanál friss citromlé
- 2 csésze apróra vágott hagyma
- ½ csésze kimagozott Kalamata olajbogyó
- ½ csésze szárított paradicsom olajban, vékonyra szeletelve
- 1 teáskanál görög fűszer
- ½ teáskanál só
- ¼ teáskanál frissen őrölt fekete bors
- 3 evőkanál 00 liszt (vagy teljes kiőrlésű)

Javallatok:

Kenje meg a lassú tűzhelyet tapadásmentes főzőpermettel vagy olívaolajjal. Adja hozzá a pulykahúst, a ¼ csésze csirkelevest, a citromlevet, a hagymát, az olajbogyót, a szárított paradicsomot, a görög fűszereket, a sót és a borsot a lassú tűzhelyhez.

7 órán át pároljuk. Öntsük a lisztet a maradék ¼ csésze csirkehúslevesbe, majd óvatosan keverjük el a lassú tűzhelyen. További 30 percig főzzük.

Táplálkozás (100 grammonként): 341 kalória 19 g zsír 12 g szénhidrát 36,4 g fehérje 639 mg nátrium

Fokhagymás csirke kuszkuszos

Elkészítési idő: 25 perc

Főzési idő: 7 óra

Adagok: 4

Nehézségi szint: közepes

Hozzávalók:

- 1 egész csirke, darabokra vágva
- 1 evőkanál extra szűz olívaolaj
- 6 gerezd fokhagyma félbevágva
- 1 csésze száraz fehérbor
- 1 csésze kuszkusz
- ½ teáskanál só
- ½ teáskanál bors
- 1 közepes vöröshagyma, vékonyra szeletelve
- 2 teáskanál szárított kakukkfű
- 1/3 csésze teljes kiőrlésű liszt

Javallatok:

Az olívaolajat sűrű serpenyőben felforraljuk. Amikor a serpenyő felforrósodott, hozzáadjuk a csirkét, hogy barnuljon. Ügyeljen arra, hogy a csirkedarabok ne érjenek egymáshoz. Süssük bőrös oldalával lefelé körülbelül 3 percig, vagy amíg meg nem pirul.

Kenje meg a lassú tűzhelyet tapadásmentes főzőpermettel vagy olívaolajjal. Tedd a hagymát, a fokhagymát és a kakukkfüvet a lassú tűzhelybe, és szórd meg sóval és borssal. Keverje hozzá a csirkét a hagymához.

Egy külön tálban a borhoz keverjük csomómentesre a lisztet, majd a csirkére öntjük. Lassú tűzön főzzük 7 órán át, vagy amíg megpuhul. Nagy lángon akár 3 órán keresztül is főzhetjük. A megfőtt kuszkuszra tálaljuk a csirkét, majd kanalazzuk rá a szószt.

Táplálkozás (100 grammonként): 440 kalória 17,5 g zsír 14 g szénhidrát 35,8 g fehérje 674 mg nátrium

Csirke Karahi

Elkészítési idő: 5 perc

Főzési idő: 5 óra

Adagok: 4

Nehézségi szint: könnyű

Hozzávalók:

- 2 kg csirkemell vagy comb
- ¼ csésze olívaolaj
- 1 kis doboz paradicsompüré
- 1 evőkanál vaj
- 1 nagy hagyma, felkockázva
- ½ csésze natúr görög joghurt
- ½ csésze vizet
- 2 evőkanál gyömbéres fokhagyma paszta
- 3 evőkanál görögszéna levél
- 1 teáskanál őrölt koriander
- 1 közepes paradicsom
- 1 teáskanál pirospaprika
- 2 zöld chili
- 1 teáskanál kurkuma
- 1 evőkanál garam masala
- 1 teáskanál köménypor
- 1 teáskanál tengeri só
- ¼ teáskanál szerecsendió

Javallatok:

Kenje meg a lassú tűzhelyet tapadásmentes főzőpermettel. Egy kis tálban alaposan keverjük össze az összes fűszert. A csirkét a lassú tűzhelybe keverjük, majd a többi hozzávalót, beleértve a fűszerkeveréket is. Addig keverjük, amíg minden jól el nem keveredik a fűszerekkel.

4-5 órán át pároljuk. Naan-nal vagy olasz kenyérrel tálaljuk.

Táplálkozás (100 grammonként): 345 kalória 9,9 g zsír 10 g szénhidrát 53,7 g fehérje 715 mg nátrium

Csirke Cacciatore árpával

Elkészítési idő: 20 perc

Főzési idő: 4 óra

Adagok: 6

Nehézségi szint: könnyű

Hozzávalók:

- 2 kg csirkecomb bőrrel
- 1 evőkanál olívaolaj
- 1 csésze gomba, negyedekre vágva
- 3 sárgarépa, apróra vágva
- 1 üveg Kalamata olajbogyó
- 2 (14 oz) doboz kockára vágott paradicsom
- 1 kis doboz paradicsompüré
- 1 csésze vörösbor
- 5 gerezd fokhagyma
- 1 csésze árpa

Javallatok:

Egy nagy serpenyőben felforraljuk az olívaolajat. Amikor az olaj felforrósodott, hozzáadjuk a csirkét, bőrös felével lefelé, és megpirítjuk. Ügyeljen arra, hogy a csirkedarabok ne érjenek egymáshoz.

Amikor a csirke megpirult, adjuk hozzá a lassú tűzhelyhez az árpa kivételével az összes hozzávalóval együtt. Pároljuk a csirkét 2 órán át, majd hozzáadjuk az árpát és további 2 órán át főzzük. Francia kenyérhéjjal tálaljuk.

Táplálkozás (100 grammonként): 424 kalória 16 g zsír 10 g szénhidrát 11 g fehérje 845 mg nátrium

Lassan főtt provence-i daube

Elkészítési idő: 15 perc

Főzési idő: 8 óra

Adagok: 8

Nehézségi szint: közepes

Hozzávalók:

- 1 evőkanál olívaolaj
- 10 gerezd fokhagyma, felaprítva
- 2 kiló csont nélküli tokmány sült
- 1 1/2 teáskanál só, osztva
- ½ teáskanál frissen őrölt fekete bors
- 1 csésze száraz vörösbor
- 2 csésze sárgarépa, apróra vágva
- 1 és fél csésze apróra vágott hagyma
- ½ csésze marhahúsleves
- 1 (14 uncia) doboz kockára vágott paradicsom
- 1 evőkanál paradicsompüré
- 1 teáskanál apróra vágott friss rozmaring
- 1 teáskanál friss kakukkfű, darálva
- ½ teáskanál reszelt narancshéj
- ½ teáskanál őrölt fahéj
- ¼ teáskanál őrölt szegfűszeg
- 1 babérlevél

Javallatok:

Egy serpenyőt előmelegítünk, majd hozzáadjuk az olívaolajat. Hozzáadjuk a fokhagymát és az apróra vágott hagymát, és addig főzzük, amíg a hagyma megpuhul, és a fokhagyma barnulni kezd.

Hozzáadjuk a felkockázott húst, sózzuk, borsozzuk, és addig sütjük, amíg a hús megpirul. Tegye át a marhahúst a lassú tűzhelybe. Keverje hozzá a marhahúslevest a serpenyőbe, és hagyja párolni körülbelül 3 percig, hogy a serpenyő kipiruljon, majd öntse a lassú tűzhelybe a marhahúsra.

Tegye bele a többi hozzávalót a lassú tűzhelybe, és jól keverje össze. Állítsa a lassú tűzhelyet alacsony fokozatra, és főzze 8 órán át, vagy állítsa a lassú tűzhelyet magasra, és főzze 4 órán át. Tálaljuk tojásos tésztával, rizzsel vagy valami ropogós olasz kenyérrel.

Táplálkozás (100 grammonként): 547 kalória 30,5 g zsír 22 g szénhidrát 45,2 g fehérje 809 mg nátrium

Párolt borjúhús

Elkészítési idő: 30 perc

Főzési idő: 8 óra

Adagok: 3

Nehézségi szint: közepes

Hozzávalók:

- 4 marha vagy borjú csülök
- 1 teáskanál tengeri só
- ½ teáskanál őrölt fekete bors
- 3 evőkanál teljes kiőrlésű liszt
- 1-2 evőkanál olívaolaj
- 2 közepes hagyma, felkockázva
- 2 közepes sárgarépa, kockákra vágva
- 2 szár zeller, felkockázva
- 4 gerezd fokhagyma, felaprítva
- 1 (14 uncia) doboz kockára vágott paradicsom
- 2 teáskanál szárított kakukkfű levél
- ½ csésze marha- vagy zöldségleves

Javallatok:

A csülök mindkét oldalát befűszerezzük, majd a lisztbe mártjuk, hogy bevonja. Melegíts fel egy nagy serpenyőt nagy lángon. Adjuk hozzá az olívaolajat. Amikor az olaj felforrósodott, hozzáadjuk a csülköt, és mindkét oldalukat egyenletesen megpirítjuk. Amikor megpirultak, tedd át a lassú tűzhelyre.

Öntsük az alaplevet a serpenyőbe, és hagyjuk 3-5 percig főni, kevergetve, hogy a serpenyő kipiruljon. A többi hozzávalót tedd a lassú tűzhelybe, és öntsd fel a serpenyőben lévő húslevessel.

Állítsa a lassú tűzhelyet alacsony fokozatra, és főzze 8 órán keresztül. Az Osso Bucco-t quinoa, barna rizs vagy akár karfiol rizs mellé tálaljuk.

Táplálkozás (100 grammonként): 589 kalória 21,3 g zsír 15 g szénhidrát 74,7 g fehérje 893 mg nátrium

Slow Cooker Marha Bourguignon

Elkészítési idő: 5 perc

Főzési idő: 8 óra

Adagok: 8

Nehézségi szint: nehéz

Hozzávalók:

- 1 evőkanál extra szűz olívaolaj
- 6 uncia bacon, durvára vágva
- 3 kiló marha szegy, zsírtól megtisztítva, 2 hüvelykes kockákra vágva
- 1 nagy sárgarépa, szeletelve
- 1 nagy fehér hagyma, felkockázva
- 6 gerezd fokhagyma, ledarálva és felosztva
- ½ teáskanál durva só
- ½ teáskanál frissen őrölt bors
- 2 evőkanál teljes kiőrlésű
- 12 kis hagyma
- 3 pohár vörösbor (Merlot, Pinot Noir vagy Chianti)
- 2 csésze marhahúsleves
- 2 evőkanál paradicsompüré
- 1 marhaleves kocka, összetörve
- 1 teáskanál friss kakukkfű, apróra vágva
- 2 evőkanál friss petrezselyem
- 2 babérlevél

- 2 evőkanál vaj vagy 1 evőkanál olívaolaj
- 1 kiló friss kis fehér vagy barna gomba negyedelve

Javallatok:

Melegíts fel egy serpenyőt közepesen magas lángon, majd add hozzá az olívaolajat. Amikor az olaj felforrósodott, süsd ropogósra a szalonnát, majd tedd a lassú tűzhelybe. A szalonnazsírt tartsuk a serpenyőben.

A húst szárítsa meg, és ugyanabban a serpenyőben süsse a szalonnazsírral, amíg minden oldala egyforma barna színű lesz. Tedd át a lassú tűzhelyre.

Keverjük össze a hagymát és a sárgarépát a lassú tűzhelyen, és ízesítsük sóval és borssal. Keverjük össze a hozzávalókat, és győződjön meg róla, hogy minden fűszerezett.

Keverje hozzá a vörösbort a serpenyőbe, és forralja 4-5 percig, hogy a serpenyő kipiruljon, majd keverje hozzá a lisztet, és keverje simára. Addig főzzük, amíg a folyadék lecsökken és kissé besűrűsödik.

Amikor a folyadék besűrűsödött, öntsük a lassú tűzhelybe, és keverjük össze, hogy mindent bevonjon a borkeverékkel. Hozzáadjuk a paradicsompürét, a húsleveskockát, a kakukkfüvet, a petrezselymet, a 4 gerezd fokhagymát és a babérlevelet. Állítsa a lassú tűzhelyet magas fokozatra és főzze 6 órán át, vagy állítsa alacsony fokozatra és főzze 8 órán át.

A vajat megpuhítjuk vagy az olívaolajat egy serpenyőben közepes lángon felhevítjük. Amikor az olaj felforrósodott, keverjük hozzá a maradék 2 gerezd fokhagymát, és főzzük körülbelül 1 percig, mielőtt hozzáadjuk a gombát. Főzzük puhára a gombát, majd adjuk hozzá a lassú tűzhelyhez, és keverjük össze.

Burgonyapürével, rizzsel vagy tésztával tálaljuk.

Táplálkozás (100 grammonként): 672 kalória 32 g zsír 15 g szénhidrát 56 g fehérje 693 mg nátrium

Balzsames marhahús

Elkészítési idő: 5 perc

Főzési idő: 8 óra

Adagok: 10

Nehézségi szint: közepes

Hozzávalók:

- 2 kiló csont nélküli tokmány sült
- 1 evőkanál olívaolaj
- Dörzsölés
- 1 teáskanál fokhagyma por
- ½ teáskanál hagymapor
- 1 teáskanál tengeri só
- ½ teáskanál frissen őrölt fekete bors
- szósz
- ½ csésze balzsamecet
- 2 evőkanál méz
- 1 evőkanál mézes mustár
- 1 csésze marhahúsleves
- 1 evőkanál tápióka, teljes kiőrlésű liszt vagy kukoricakeményítő (a szósz főzés utáni sűrítésére, ha szükséges)

Javallatok:

Tegye bele a dörzsöléshez szükséges összes hozzávalót.

Egy külön tálban keverjük össze a balzsamecetet, a mézet, a mézes mustárt és a marhahúslevest. Kenjük meg a sült olívaolajjal, majd bedörzsöljük a dörzsölő keverék fűszereivel. Helyezze a sültet a lassú tűzhelybe, majd öntse rá a szószt. Állítsa a lassú tűzhelyet alacsony fokozatra, és főzze 8 órán keresztül.

Ha sűríteni szeretné a mártást, amikor a sült sült, tegye át a lassú tűzhelyről egy tálra. Ezután öntsük a folyadékot egy serpenyőbe, és forraljuk fel a tűzhelyen. A lisztet simára keverjük, és addig hagyjuk párolni, amíg a szósz besűrűsödik.

Táplálkozás (100 grammonként): 306 kalória 19 g zsír 13 g szénhidrát 25 g fehérje 823 mg nátrium

Sült borjúhús

Elkészítési idő: 20 perc

Főzési idő: 5 óra

Adagok: 8

Nehézségi szint: közepes

Hozzávalók:

- 2 evőkanál olívaolaj
- Só, bors
- 3 lb csont nélküli borjúsült, megkötve
- 4 közepes sárgarépa, meghámozva
- 2 paszternák, meghámozva és félbevágva
- 2 fehér karalábé meghámozva és negyedelve
- 10 gerezd hámozott fokhagyma
- 2 szál friss kakukkfű
- 1 narancs, meghámozva és lereszelve
- 1 csésze csirke- vagy borjúhúsleves

Javallatok:

Melegíts fel egy nagy serpenyőt közepesen magas lángon. A borjúsültet meglocsoljuk olívaolajjal, majd sózzuk, borsozzuk. Amikor a serpenyő felforrósodott, hozzáadjuk a borjúsültet, és minden oldalát megpirítjuk. Mindkét oldalon körülbelül 3 percet vesz igénybe, de ez a folyamat lezárja a levet, és zamatossá teszi a húst.

Ha megsült, tedd a lassú tűzhelybe. Tegye a serpenyőbe a sárgarépát, a paszternákot, a fehérrépát és a fokhagymát. Keverjük össze, és főzzük körülbelül 5 percig, de nem egészen, csak azért, hogy a borjúhúsból kisüljön néhány barna darab, és színt adjon.

Tegye át a zöldségeket a lassú tűzhelyre, és helyezze el őket a hús körül. A sült kakukkfűvel és narancshéjjal egészítsük ki. A narancsot félbevágjuk, a levét a húsára nyomjuk. Adjuk hozzá a csirkehúslevet, majd pároljuk 5 órán át a sülteket.

Táplálkozás (100 grammonként): 426 kalória 12,8 g zsír 10 g szénhidrát 48,8 g fehérje 822 mg nátrium

Mediterrán rizs és kolbász

Elkészítési idő: 15 perc

Főzési idő: 8 óra

Adagok: 6

Nehézségi szint: közepes

Hozzávalók:

- 1 1/2 kiló olasz kolbász, morzsolva
- 1 közepes hagyma, apróra vágva
- 2 evőkanál steak szósz
- 2 csésze nyers hosszú szemű rizs
- 1 (14 uncia) doboz kockára vágott paradicsom lével
- ½ csésze vizet
- 1 közepes zöldpaprika, kockára vágva

Javallatok:

Permetezze be a lassú tűzhelyet olívaolajjal vagy tapadásmentes főzőpermettel. Adja hozzá a kolbászt, a hagymát és a steak szószt a lassú tűzhelyhez. Alacsony fokozaton 8-10 órára.

8 óra elteltével hozzáadjuk a rizst, a paradicsomot, a vizet és a zöldpaprikát. Keverjük jól össze. Főzzük további 20-25 percig.

Táplálkozás (100 grammonként): 650 kalória 36 g zsír 11 g szénhidrát 22 g fehérje 633 mg nátrium

Spanyol húsgombóc

Elkészítési idő: 20 perc

Főzési idő: 5 óra

Adagok: 6

Nehézségi szint: nehéz

Hozzávalók:

- 1 kiló őrölt pulyka
- 1 kiló darált sertéshús
- 2 tojás
- 1 (20 uncia) doboz kockára vágott paradicsom
- ¾ csésze édes hagyma, apróra vágva, felosztva
- ¼ csésze plusz 1 evőkanál zsemlemorzsa
- 3 evőkanál apróra vágott friss petrezselyem
- 1 és fél teáskanál kömény
- 1 1/2 teáskanál paprika (édes vagy csípős)

Javallatok:

A lassú tűzhelyet meglocsoljuk olívaolajjal.

Egy keverőtálban keverjük össze a darált húst, a tojást, a hagyma körülbelül felét, a zsemlemorzsát és a fűszereket.

Mossa meg a kezét, és addig keverje, amíg minden jól össze nem áll. Ne keverjük túl, mert ettől a húsgombóc kemény lesz. Fasírtokat formázunk. Az, hogy mekkora darabokat készítesz, nyilvánvalóan meghatározza a húsgombócok számát.

Egy serpenyőben közepes lángon főzzünk 2 evőkanál olívaolajat. Ha már felforrt, hozzáadjuk a húsgombócokat, és minden oldalukat megpirítjuk. Ügyeljen arra, hogy a golyók ne érjenek egymáshoz, hogy egyenletesen barnuljanak. Ha kész, tegyük át őket a lassú tűzhelyre.

Adjuk hozzá a többi hagymát és paradicsomot a serpenyőbe, és főzzük néhány percig, miközben a húsgombócok barna darabjait ízesítjük. Tegye át a paradicsomot a lassú tűzhelyen lévő húsgombócokra, és főzze alacsony lángon 5 órán át.

Táplálkozás (100 grammonként): 372 kalória 21,7 g zsír 15 g szénhidrát 28,6 fehérje 772 mg nátrium

Karfiol citrusos szósszal és olajbogyóval

Elkészítési idő: 15 perc

Főzési idő: 30 perc

Adagok: 4

Nehézségi szint: közepes

Hozzávalók:

- 1 vagy 2 nagy fej karfiol
- 1/3 csésze extra szűz olívaolaj
- ¼ teáskanál kóser só
- 1/8 teáskanál őrölt fekete bors
- 1 narancs leve
- 1 narancs héja
- ¼ csésze fekete olajbogyó, kimagozva és apróra vágva
- 1 evőkanál dijoni vagy szemcsés mustár
- 1 evőkanál vörösborecet
- ½ teáskanál őrölt koriander

Javallatok:

Melegítsük elő a sütőt 400 F. Helyezzen sütőpapírt vagy alufóliát a tepsibe. Vágja le a karfiol szárát, hogy egyenesen álljon. Szeleteljük függőlegesen négy vastag lapra. Helyezze a karfiolt az előkészített tepsire. Megkenjük olívaolajjal, sóval és fekete borssal. Kb. 30 percig sütjük.

Egy közepes tálban keverje össze a narancslevet, a narancshéjat, az olajbogyót, a mustárt, az ecetet és a koriandert; jól összekeverni. A szósszal tálaljuk.

Táplálkozás (100 grammonként):265 kalória 21 g zsír 4 g szénhidrát 5 g fehérje 693 mg nátrium

Tészta Pisztácia Pestóval és Mentával

Elkészítési idő: 10 perc

Főzési idő: 10 perc

Adagok: 4

Nehézségi szint: közepes

Hozzávalók:

- 8 uncia teljes kiőrlésű tészta
- 1 csésze friss menta
- ½ csésze friss bazsalikom
- 1/3 csésze sózatlan pisztácia héjában
- 1 gerezd hámozott fokhagyma
- ½ teáskanál kóser só
- ½ lime leve
- 1/3 csésze extra szűz olívaolaj

Javallatok:

Főzzük ki a tésztát a csomagoláson található utasítások szerint. Lecsepegtetjük, 1/2 csésze vizet a tésztához tartva, és félretesszük. Aprítógépben hozzáadjuk a mentát, a bazsalikomot, a pisztáciát, a fokhagymát, a sót és a lime levét. Addig turmixoljuk, amíg a pisztácia durvára nem darál. Lassú, egyenletes sugárban keverjük hozzá az olívaolajat, és keverjük addig, amíg el nem keveredik.

Egy nagy tálban keverjük össze a tésztát a pisztácia pestoval. Ha vékonyabb, ízesebb állagot szeretnénk, adjunk hozzá egy kevés tésztavízből, és jól keverjük össze.

Táplálkozás (100 grammonként): 420 kalória 3 g zsír 2 g szénhidrát 11 g fehérje 593 mg nátrium

Sült tofu szárított paradicsommal és articsókával

Elkészítési idő: 30 perc
Főzési idő: 30 perc
Adagok: 4
Nehézségi szint: közepes

Hozzávalók:

- 1 db 16 unciás csomag extra kemény tofu, 1 hüvelykes kockákra vágva
- 2 evőkanál extra szűz olívaolaj, osztva
- 2 evőkanál citromlé, osztva
- 1 evőkanál alacsony nátriumtartalmú szójaszósz
- 1 hagyma, felkockázva
- ½ teáskanál kóser só
- 2 gerezd fokhagyma, felaprítva
- 1 (14 uncia) konzerv articsóka szív, lecsepegtetve
- 8 szárított paradicsom
- ¼ teáskanál frissen őrölt fekete bors
- 1 evőkanál fehérborecet
- 1 citrom héja
- ¼ csésze apróra vágott friss petrezselyem

Javallatok:

Készítse elő a sütőt 400 ° F-ra. Helyezze a fóliát vagy a sütőpapírt a tepsibe. Egy tálban keverjük össze a tofut, 1 evőkanál olívaolajat, 1 evőkanál citromlevet és a szójaszószt. Tegyük félre és pácoljuk 15-30 percig. Helyezze a tofut egy rétegben az előkészített tepsire, és süsse 20 percig, egyszer megfordítva, amíg meg nem pirul.

A maradék evőkanál olívaolajat egy nagy serpenyőben vagy közepes lángon megpirítjuk. Adjuk hozzá a hagymát és a sót; pároljuk, amíg áttetsző, 5-6 perc. Keverjük hozzá a fokhagymát, és pirítsuk 30 másodpercig. Ezután tedd bele az articsóka szíveket, a szárított paradicsomot és a fekete borsot, és pirítsd 5 percig. Adjuk hozzá a fehérborecetet és a maradék 1 evőkanál citromlevet, majd öntsük le a serpenyőt, és kaparjuk fel a barna darabokat. Vegyük le a serpenyőt a tűzről, és adjuk hozzá a citromhéjat és a petrezselymet. Óvatosan beleforgatjuk a sült tofut.

Táplálkozás (100 grammonként): 230 kalória 14 g zsír 5 g szénhidrát 14 g fehérje 593 mg nátrium

Sült mediterrán tempeh paradicsommal és fokhagymával

Felkészülési idő: 25 perc, plusz 4 óra pácolásra

Főzési idő: 35 perc

Adagok: 4

Nehézségi szint: nehéz

Hozzávalók:

- <u>Tempeh számára</u>
- 12 uncia tempeh
- ¼ pohár fehérbor
- 2 evőkanál extra szűz olívaolaj
- 2 evőkanál citromlé
- 1 citrom héja
- ¼ teáskanál kóser só
- ¼ teáskanál frissen őrölt fekete bors
- <u>A paradicsomos és fokhagymás szószhoz</u>
- 1 evőkanál extra szűz olívaolaj
- 1 hagyma, felkockázva
- 3 gerezd fokhagyma, felaprítva
- 1 (14,5 uncia) doboz zúzott paradicsom hozzáadott só nélkül
- 1 steak paradicsom, felkockázva
- 1 szárított babérlevél
- 1 teáskanál fehérborecet

- 1 teáskanál citromlé
- 1 teáskanál szárított oregánó
- 1 teáskanál szárított kakukkfű
- ¾ teáskanál kóser só
- ¼ csésze bazsalikom, csíkokra vágva

Javallatok:

Tempeh elkészítéséhez

Helyezze a tempeh-et egy közepes serpenyőbe. Öntsön fel annyi vizet, hogy 1-2 hüvelyknyire ellepje. Közepes-magas lángon forraljuk fel, fedjük le, és csökkentsük a lángot. 10-15 percig főzzük. Távolítsa el a tempeh-et, szárítsa meg, hűtse le, és vágja 1 hüvelykes kockákra.

Keverjük össze a fehérbort, az olívaolajat, a citromlevet, a citromhéjat, a sót és a fekete borsot. Adjuk hozzá a tempeh-et, fedjük le a tálat, tegyük hűtőbe 4 órára vagy egy éjszakára. Melegítsük elő a sütőt 375 ° F-ra. Helyezzük a pácolt tempeh-et és a pácot egy tepsibe, és süssük 15 percig.

A paradicsom és a fokhagyma szósz elkészítéséhez

Az olívaolajat egy nagy serpenyőben, közepes lángon főzzük meg. Hozzáadjuk a hagymát, és 3-5 perc alatt áttetszővé pároljuk. Keverjük hozzá a fokhagymát, és pirítsuk 30 másodpercig. Hozzáadjuk a zúzott paradicsomot, a steak paradicsomot, a babérlevelet, az ecetet, a citromlevet, az oregánót, a kakukkfüvet és a sót. Jól összekeverni. 15 percig forraljuk.

Adjuk hozzá a főtt tempeh-t a paradicsomos keverékhez, és óvatosan keverjük össze. Díszítsük bazsalikommal.

CSERÉLÉSI TIPP: Ha kifogy a tempehből, vagy csak fel akarja gyorsítani a főzési folyamatot, helyettesítheti a tempeh-vel egy 14,5 uncia-os fehér vesebabot. Öblítsük le a babot, és tegyük a szószba a zúzott koktélparadicsommal. Még mindig remek vegán előétel feleannyi idő alatt!

Táplálkozás (100 grammonként): 330 kalória 20 g zsír 4 g szénhidrát 18 g fehérje 693 mg nátrium

Sült portobello gomba kelkáposztával és lilahagymával

Elkészítési idő: 30 perc

Főzési idő: 30 perc

Adagok: 4

Nehézségi szint: nehéz

Hozzávalók:

- ¼ csésze fehérborecet
- 3 evőkanál extra szűz olívaolaj, osztva
- ½ teáskanál méz
- ¾ teáskanál kóser só, osztva
- ¼ teáskanál frissen őrölt fekete bors
- 4 nagy portobello gomba, szárát eltávolítva
- 1 vöröshagyma, zsugorított
- 2 gerezd fokhagyma, felaprítva
- 1 csokor kelkáposzta (8 oz), szárral és apróra vágva
- ¼ teáskanál pirospaprika pehely
- ¼ csésze reszelt parmezán vagy Romano sajt

Javallatok:

Helyezzen sütőpapírt vagy alufóliát a tepsire. Egy közepes tálban keverje össze az ecetet, 1 1/2 evőkanál olívaolajat, a mézet, 1/4 teáskanál sót és a fekete borsot. Helyezzük a gombát a tepsire, és öntsük rá a pácot. Hagyjuk pácolódni 15-30 percig.

Közben előmelegítjük a sütőt 400° F. Süssük a gombát 20 percig, közben a főzés felénél megfordítjuk. Melegítsük fel a maradék 1 1/2 evőkanál olívaolajat egy nagy serpenyőben vagy tűzálló serpenyőben közepesen magas lángon. Adjuk hozzá a hagymát és a maradék 1/2 teáskanál sót, és pirítsuk 5-6 percig, amíg meg nem pirul. Keverjük hozzá a fokhagymát, és pirítsuk 30 másodpercig. Keverje hozzá a kelkáposztát és a pirospaprika pelyhet, és párolja, amíg a kelkáposzta meg nem fő, körülbelül 5 percig.

Vegye ki a gombát a sütőből, és növelje a hőmérsékletet, hogy megsüljön. Óvatosan öntse a serpenyőben lévő folyadékot a kelkáposzta-keverékkel ellátott serpenyőbe; jól összekeverni. Fordítsa meg a gombát úgy, hogy a szár fele nézzen felfelé. Minden gomba tetejére csorgassunk egy keveset a kelkáposzta keverékéből. Mindegyikre szórjunk 1 evőkanál parmezánt. Süssük aranybarnára.

Táplálkozás (100 grammonként): 200 kalória 13 g zsír 4 g szénhidrát 8 g fehérje

Balzsamos pácolt tofu bazsalikommal és oregánóval

Elkészítési idő: 40 perc
Főzési idő: 30 perc
Adagok: 4
Nehézségi szint: közepes

Hozzávalók:

- ¼ csésze extra szűz olívaolaj
- ¼ csésze balzsamecet
- 2 evőkanál alacsony nátriumtartalmú szójaszósz
- 3 gerezd fokhagyma, lereszelve
- 2 teáskanál tiszta juharszirup
- 1 citrom héja
- 1 teáskanál szárított bazsalikom
- 1 teáskanál szárított oregánó
- ½ teáskanál szárított kakukkfű
- ½ teáskanál szárított zsálya
- ¼ teáskanál kóser só
- ¼ teáskanál frissen őrölt fekete bors
- ¼ teáskanál pirospaprika pehely (elhagyható)
- 1 blokk (16 oz) extra kemény tofu

Javallatok:

Egy literes tálban vagy cipzáras zacskóban keverje össze az olívaolajat, ecetet, szójaszószt, fokhagymát, juharszirupot, citromhéjat, bazsalikomot, oregánót, kakukkfüvet, zsályát, sót, fekete borsot és pirospaprikát, ha kívánja. Adjuk hozzá a tofut és óvatosan keverjük össze. Hűtőbe tesszük, és 30 percig, vagy akár egy éjszakán át pácoljuk, ha szükséges.

Előkészítjük a sütőt 425 °F-ra. Helyezzen sütőpapírt vagy alufóliát a tepsibe. A pácolt tofut egy rétegben elhelyezzük az előkészített tepsiben. 20-30 percig sütjük, a főzés felénél megfordítva, amíg enyhén ropogós nem lesz.

Táplálkozás (100 grammonként): 225 kalória 16 g zsír 2 g szénhidrát 13 g fehérje 493 mg nátrium

Ricottával, bazsalikommal és pisztáciával töltött cukkini

Elkészítési idő: 15 perc

Főzési idő: 25 perc

Adagok: 4

Nehézségi szint: közepes

Hozzávalók:

- 2 közepes cukkini, hosszában félbevágva
- 1 evőkanál extra szűz olívaolaj
- 1 hagyma, felkockázva
- 1 teáskanál kóser só
- 2 gerezd fokhagyma, felaprítva
- ¾ csésze túró
- ¼ csésze sózatlan pisztácia, meghámozva és apróra vágva
- ¼ csésze friss bazsalikom, apróra vágva
- 1 nagy tojás, felvert
- ¼ teáskanál frissen őrölt fekete bors

Javallatok:

Előkészítjük a sütőt 425 °F-ra. Helyezzen sütőpapírt vagy alufóliát a tepsibe. Vágja ki a magokat/húst a cukkiniből, hagyjon ¼ hüvelyk húst a szélein. Helyezze a pépet egy vágódeszkára, és vágja le a pépet.

Az olívaolajat serpenyőben, közepes lángon felforraljuk. Adjuk hozzá a hagymát, a pépet és a sót, és pirítsuk körülbelül 5 percig. Adjuk hozzá a fokhagymát és pirítsuk 30 másodpercig. Keverjük össze a ricottát, a pisztáciát, a bazsalikomot, a tojást és a fekete borsot. Adjuk hozzá a hagymás keveréket, és jól keverjük össze.

Az előkészített tepsire helyezzük a 4 cukkini felét. A cukkini felét megkenjük a ricottás keverékkel. Addig főzzük, amíg meg nem pirul.

Táplálkozás (100 grammonként): 200 kalória 12 g zsír 3 g szénhidrát 11 g fehérje 836 mg nátrium

Tönköly sült paradicsommal és gombával

Elkészítési idő: 20 perc

Főzési idő: 1 óra

Adagok: 4

Nehézségi szint: nehéz

Hozzávalók:

- <u>A paradicsomhoz</u>
- 2 pint koktélparadicsom
- 1 teáskanál extra szűz olívaolaj
- ¼ teáskanál kóser só
- <u>A tönkölynek</u>
- 3-4 csésze víz
- ½ csésze tönköly
- ¼ teáskanál kóser só
- <u>A gombához</u>
- 2 evőkanál extra szűz olívaolaj
- 1 hagyma, zsugorított
- ½ teáskanál kóser só
- ¼ teáskanál frissen őrölt fekete bors
- 10 uncia bébi haranggomba, felverve és vékonyra szeletelve
- ½ csésze zöldségleves hozzáadott só nélkül
- 1 (15 uncia) doboz alacsony nátriumtartalmú cannellini bab, lecsepegtetve és leöblítve
- 1 csésze bébispenót

- 2 evőkanál friss bazsalikom csíkokra vágva
- ¼ csésze fenyőmag, pirítva
- érlelt balzsamecet (elhagyható)

Javallatok:

Paradicsom készítéséhez

Melegítsük elő a sütőt 400 F. Helyezzen sütőpapírt vagy alufóliát a tepsibe. Dobja össze a paradicsomot, az olívaolajat és a sót a tepsire, és süsse 30 percig.

Tönköly készítésére

Forraljuk fel a vizet, a farro-t és a sót egy közepes serpenyőben vagy edényben nagy lángon. Pároljuk és főzzük 30 percig, vagy amíg a farro al dente nem lesz. Lecsepegtetjük és félretesszük.

Gomba készítéséhez

Főzzük meg az olívaolajat egy nagy serpenyőben vagy serpenyőben közepes-alacsony lángon. Adjuk hozzá a hagymát, sót és fekete borsot, és pirítsuk aranybarnára és kezdjük karamellizálni, körülbelül 15 perc alatt. Keverje hozzá a gombát, növelje a hőt közepesre, és párolja, amíg a folyadék elpárolog, és a gomba aranybarna lesz, körülbelül 10 percig. Keverje hozzá a zöldségalaplét, és langyosítsa le a serpenyőt, kaparja fel a barna darabokat, és csökkentse a folyadékot körülbelül 5 perc alatt. Adjuk hozzá a babot, és melegítsük körülbelül 3 percig.

Vegyük ki és keverjük bele a spenótot, a bazsalikomot, a fenyőmagot, a sült paradicsomot és a farrot. Kívánság szerint meglocsoljuk balzsamecettel.

Táplálkozás (100 grammonként): 375 kalória 15 g zsír 10 g szénhidrát 14 g fehérje 769 mg nátrium

Sült árpa padlizsánnal, mángollal és mozzarellával

Elkészítési idő: 20 perc

Főzési idő: 60 perc

Adagok: 4

Nehézségi szint: közepes

Hozzávalók:

- 2 evőkanál extra szűz olívaolaj
- 1 nagy (1 font) padlizsán, apróra vágva
- 2 sárgarépa, meghámozva és apróra vágva
- 2 szár zeller, apróra vágva
- 1 hagyma, apróra vágva
- ½ teáskanál kóser só
- 3 gerezd fokhagyma, felaprítva
- ¼ teáskanál frissen őrölt fekete bors
- 1 csésze teljes kiőrlésű árpa
- 1 teáskanál paradicsompüré só nélkül
- 1 és fél csésze zöldségleves hozzáadott só nélkül
- 1 csésze mángold, szárral és apróra vágva
- 2 evőkanál friss oregánó, darálva
- 1 citrom héja
- 4 uncia mozzarella, apróra vágva
- ¼ csésze reszelt parmezán
- 2 paradicsom, fél hüvelyk vastag szeletekre vágva

Javallatok:

Melegítsd elő a sütőt 400° F. Süsd meg az olívaolajat egy nagy, sütőben használható serpenyőben, közepes lángon. Adjuk hozzá a padlizsánt, a sárgarépát, a zellert, a hagymát és a sót, és pirítsuk körülbelül 10 percig. Adjuk hozzá a fokhagymát és a fekete borsot, és pirítsuk körülbelül 30 másodpercig. Adjuk hozzá az árpát és a paradicsompürét, és pirítsuk 1 percig. Keverje hozzá a zöldségalaplét, és langyosítsa le a serpenyőt, kaparja fel a barna darabokat. Adjuk hozzá a mángoldot, az oregánót és a citromhéjat, és addig keverjük, amíg a mángold megfonnyad.

Kivesszük és beletesszük a mozzarellát. Lapítsuk el az árpa keverék tetejét. Megszórjuk a parmezánnal. A paradicsomot egy rétegben a parmezán tetejére terítjük. 45 percig sütjük.

Táplálkozás (100 grammonként): 470 kalória 17 g zsír 7 g szénhidrát 18 g fehérje 769 mg nátrium

Árpa rizottó paradicsommal

Elkészítési idő: 20 perc

Főzési idő: 45 perc

Adagok: 4

Nehézségi szint: közepes

Hozzávalók:

- 2 evőkanál extra szűz olívaolaj
- 2 szár zeller, felkockázva
- ½ csésze medvehagyma, kockára vágva
- 4 gerezd fokhagyma, felaprítva
- 3 csésze zöldségleves hozzáadott só nélkül
- 1 (14,5 uncia) doboz kockára vágott paradicsom hozzáadott só nélkül
- 1 (14,5 uncia) doboz zúzott paradicsom hozzáadott só nélkül
- 1 csésze gyöngy árpa
- 1 citrom héja
- 1 teáskanál kóser só
- ½ teáskanál füstölt paprika
- ¼ teáskanál pirospaprika pehely
- ¼ teáskanál frissen őrölt fekete bors
- 4 szál kakukkfű
- 1 szárított babérlevél
- 2 csésze bébispenót
- ½ csésze morzsolt feta sajt

- 1 evőkanál friss oregánó, darálva
- 1 evőkanál édesköménymag, pirítva (elhagyható)

Javallatok:

Főzzük fel az olívaolajat egy nagy serpenyőben, közepes lángon. Adjuk hozzá a zellert és a medvehagymát, és pirítsuk körülbelül 4-5 percig. Adjuk hozzá a fokhagymát és pirítsuk 30 másodpercig. Hozzáadjuk a zöldséglevet, a kockára vágott paradicsomot, a zúzott paradicsomot, az árpát, a citromhéjat, a sót, a paprikát, a pirospaprika pelyhet, a fekete borsot, a kakukkfüvet és a babérlevelet, és jól összekeverjük. Hagyja felforrni, majd vegye le alacsony hőmérsékletre, és forralja fel. Időnként megkeverve főzzük 40 percig.

Távolítsa el a babérlevelet és a kakukkfű gallyakat. Belekeverjük a spenótot. Egy kis tálban keverjük össze a fetát, az oregánót és az édesköménymagot. Tálaljuk az árpa rizottót a fetas keverékkel meglocsolt tálkákban.

Táplálkozás (100 grammonként): 375 kalória 12 g zsír 13 g szénhidrát 11 g fehérje 799 mg nátrium

Csicseriborsó és kelkáposzta fűszeres paradicsomszósszal

Elkészítési idő: 10 perc

Főzési idő: 35 perc

Adagok: 4

Nehézségi szint: könnyű

Hozzávalók:

- 2 evőkanál extra szűz olívaolaj
- 4 gerezd fokhagyma, szeletelve
- 1 teáskanál pirospaprika pehely
- 1 (28 oz) doboz zúzott paradicsom hozzáadott só nélkül
- 1 teáskanál kóser só
- ½ teáskanál méz
- 1 csokor kelkáposzta, leszármazva és apróra vágva
- 2 doboz (15 oz) alacsony nátriumtartalmú csicseriborsó, lecsepegtetve és leöblítve
- ¼ csésze friss bazsalikom, apróra vágva
- ¼ csésze reszelt pecorino romano

Javallatok:

Az olívaolajat serpenyőben, közepes lángon felforraljuk. Keverje hozzá a fokhagymát és a pirospaprika pelyhet, és párolja, amíg a fokhagyma szép arany színű lesz, körülbelül 2 percig. Adjuk hozzá a paradicsomot, a sót és a mézet, és jól keverjük össze. Csökkentse a hőt, és forralja 20 percig.

Adjuk hozzá a kelkáposztát és jól keverjük össze. Körülbelül 5 percig főzzük. Adjuk hozzá a csicseriborsót és pároljuk körülbelül 5 percig. Levesszük a tűzről, és belekeverjük a bazsalikomot. Pecorinóval fűszerezve tálaljuk.

Táplálkozás (100 grammonként): 420 kalória 13 g zsír 12 g szénhidrát 20 g fehérje 882 mg nátrium

Sült feta kelkáposztával és citromjoghurttal

Elkészítési idő: 15 perc

Főzési idő: 20 perc

Adagok: 4

Nehézségi szint: közepes

Hozzávalók:

- 1 evőkanál extra szűz olívaolaj
- 1 hagyma, zsugorított
- ¼ teáskanál kóser só
- 1 teáskanál őrölt kurkuma
- ½ teáskanál őrölt kömény
- ½ teáskanál őrölt koriander
- ¼ teáskanál frissen őrölt fekete bors
- 1 csokor kelkáposzta, leszármazva és apróra vágva
- 7 uncia blokk feta sajt, ¼ hüvelyk vastag szeletekre vágva
- ½ csésze natúr görög joghurt
- 1 evőkanál citromlé

Javallatok:

Melegítsük elő a sütőt 400 ° F-ra. Egy nagy, tűzálló serpenyőben vagy közepes lángon pirítsuk meg az olívaolajat. Adjuk hozzá a hagymát és a sót; enyhén barnára pároljuk, körülbelül 5 percig. Adjunk hozzá kurkumát, köményt, koriandert és fekete borsot; 30

másodpercig pároljuk. Adjuk hozzá a kelkáposztát és pirítsuk körülbelül 2 percig. Adjunk hozzá 1/2 csésze vizet, és főzzük tovább a kelkáposztát körülbelül 3 percig.

Vegyük le a tűzről, és helyezzük a feta szeleteket a kelkáposzta keverék tetejére. Betesszük a sütőbe, és addig sütjük, amíg a feta megpuhul, 10-12 percig. Egy kis tálban keverjük össze a joghurtot és a citromlevet. A kelkáposztát és a feta sajtot citromos joghurttal megkenve tálaljuk.

Táplálkozás (100 grammonként): 210 kalória 14 g zsír 2 g szénhidrát 11 g fehérje 836 mg nátrium

Sült padlizsán és csicseriborsó paradicsomszósszal

Elkészítési idő: 15 perc

Főzési idő: 60 perc

Adagok: 4

Nehézségi szint: nehéz

Hozzávalók:

- Olívaolaj főző spray
- 1 nagy (kb. 1 font) padlizsán, ¼ hüvelyk vastag körökre vágva
- 1 teáskanál kóser só, osztva
- 1 evőkanál extra szűz olívaolaj
- 3 gerezd fokhagyma, felaprítva
- 1 (28 oz) doboz zúzott paradicsom hozzáadott só nélkül
- ½ teáskanál méz
- ¼ teáskanál frissen őrölt fekete bors
- 2 evőkanál friss bazsalikom apróra vágva
- 1 (15 uncia) konzerv sózatlan vagy alacsony nátriumtartalmú csicseriborsó, lecsepegtetve és leöblítve
- ¾ csésze morzsolt feta sajt
- 1 evőkanál friss oregánó, darálva

Javallatok:

Melegítsük elő a sütőt 425 ° F-ra. Két tepsit kikenünk és kibélelünk alufóliával, és enyhén permetezzük be olívaolajjal. Egy rétegben terítsük szét a padlizsánt, és szórjuk meg 1/2 teáskanál sóval. 20 percig sütjük, félidőben egyszer megforgatjuk, amíg enyhén megpirul.

Közben egy nagy serpenyőben közepes lángon hevítsük fel az olívaolajat. Keverjük hozzá a fokhagymát, és pirítsuk 30 másodpercig. Adjuk hozzá a zúzott paradicsomot, a mézet, a maradék 1/2 teáskanál sót és a fekete borsot. Körülbelül 20 percig pároljuk, amíg a szósz kissé megpuhul és besűrűsödik. Belekeverjük a bazsalikomot.

Miután kivette a padlizsánt a sütőből, csökkentse a sütő hőmérsékletét 375 ° F-ra. Egy nagy téglalap alakú vagy ovális tepsiben keverje össze a csicseriborsót és 1 csésze szószt. A tetejére helyezzük a padlizsánszeleteket, ha szükséges, átfedjük őket, hogy ellepje a csicseriborsót. A maradék szószt rákenjük a padlizsánra. A tetejére szórjuk a fetát és az oregánót.

Tekerjük be a tepsit fóliával és süssük 15 percig. Levesszük a fóliát és további 15 percig sütjük.

Táplálkozás (100 grammonként): 320 kalória 11 g zsír 12 g szénhidrát 14 g fehérje 773 mg nátrium

Portobello Caprese

Elkészítési idő: 15 perc

Főzési idő: 30 perc

Adagok: 2

Nehézségi szint: nehéz

Hozzávalók:

- 1 evőkanál olívaolaj
- 1 csésze koktélparadicsom
- Só és fekete bors, ízlés szerint
- 4 nagy friss bazsalikomlevél, vékonyra szeletelve, felosztva
- 3 gerezd közepes fokhagyma, darálva
- 2 nagy portobello gomba, szárát eltávolítva
- 4 db mini mozzarella
- 1 evőkanál reszelt parmezán

Javallatok:

Előkészítjük a sütőt 180 °C-ra. Egy tepsit kikenünk olívaolajjal. Öntsön 1 evőkanál olívaolajat egy tapadásmentes serpenyőbe, és melegítse közepesen magas lángon. Adjuk hozzá a paradicsomot a serpenyőbe, és szórjuk meg sóval és fekete borssal fűszerezésként. Főzés közben fúrjon lyukakat a paradicsomba, hogy levet kapjon. Tedd rá a fedőt, és főzd a paradicsomot 10 percig, vagy amíg megpuhul.

Foglaljon le 2 teáskanál bazsalikomot, és adja hozzá a maradék bazsalikomot és fokhagymát a serpenyőbe. A paradicsomot spatulával pépesítjük, majd fél percig főzzük. Főzés közben folyamatosan keverjük. Félretenni. A gombát a tepsibe helyezzük, fedéllel lefelé, és ízlés szerint megszórjuk sóval és fekete borssal.

A paradicsomos keveréket és a mozzarella golyókat ráöntjük a gombák kopoltyújára, majd megszórjuk parmezánnal, hogy jól bevonja. Addig főzzük, amíg a gomba megpuhul, a sajt pedig megpirul. A megtöltött gombát kivesszük a sütőből, és bazsalikommal a tetejére tálaljuk.

Táplálkozás (100 grammonként): 285 kalória 21,8 g zsír 2,1 g szénhidrát 14,3 g fehérje 823 mg nátrium

Gombával és sajttal töltött paradicsom

Elkészítési idő: 15 perc

Főzési idő: 20 perc

Adagok: 4

Nehézségi szint: közepes

Hozzávalók:

- 4 nagy érett paradicsom
- 1 evőkanál olívaolaj
- ½ font (454 g) fehér vagy cremini gomba, szeletelve
- 1 evőkanál friss bazsalikom apróra vágva
- ½ csésze sárgahagyma, kockára vágva
- 1 evőkanál friss oregánó, darálva
- 2 gerezd fokhagyma, felaprítva
- ½ teáskanál só
- ¼ teáskanál frissen őrölt fekete bors
- 1 csésze zsírszegény mozzarella, felaprítva
- 1 evőkanál reszelt parmezán

Javallatok:

Melegítsük elő a sütőt 190°C-ra. Vágjunk egy-egy ½ hüvelykes szeletet minden paradicsom tetejéről. Öntsük a pépet egy tálba, és hagyjuk benne a ½ hüvelykes paradicsomhéjat. A paradicsomokat alufóliával bélelt tepsibe rendezzük. Egy tapadásmentes serpenyőben közepes lángon hevítsük fel az olívaolajat.

Adja hozzá a gombát, a bazsalikomot, a hagymát, az oregánót, a fokhagymát, a sót és a fekete borsot, és pirítsa 5 percig.

Öntsük a keveréket a paradicsompüré tálba, majd adjuk hozzá a mozzarellát, és keverjük jól össze. Öntse a keveréket minden paradicsomhéjba, majd adjon hozzá egy réteg parmezánt. Előmelegített sütőben 15 percig sütjük, vagy amíg a sajt megpuhul és a paradicsom megpuhul. A töltött paradicsomot kivesszük a sütőből, és forrón tálaljuk.

Táplálkozás (100 grammonként):254 kalória 14,7 g zsír 5,2 g szénhidrát 17,5 g fehérje 783 mg nátrium

Tabbouleh

Elkészítési idő: 15 perc
Főzési idő: Öt perc
Adagok: 6
Nehézségi szint: közepes

Hozzávalók:

- 4 evőkanál olívaolaj, osztva
- 4 csésze főtt karfiol
- 3 gerezd fokhagyma, finomra vágva
- Só és fekete bors, ízlés szerint
- ½ nagy uborka, meghámozva, kimagozva és apróra vágva
- ½ csésze apróra vágott olasz petrezselyem
- 1 citrom leve
- 2 evőkanál apróra vágott vöröshagyma
- ½ csésze apróra vágott mentalevél
- ½ csésze kimagozott Kalamata olajbogyó, apróra vágva
- 1 csésze koktélparadicsom, negyedelve
- 2 csésze bébi rakéta vagy spenótlevél
- 2 közepes avokádó, meghámozva, kimagozva és felkockázva

Javallatok:

Melegítsen fel 2 evőkanál olívaolajat egy tapadásmentes serpenyőben közepesen magas lángon. Adjuk hozzá a karfiol rizst, a fokhagymát, a sót és a fekete borsot a serpenyőbe, és pároljuk 3 percig, vagy amíg illatos lesz. Tedd át őket egy nagy tálba.

Adja hozzá az uborkát, a petrezselymet, a citromlevet, a lilahagymát, a mentát, az olívabogyót és a maradék olívaolajat a tálba. Dobd fel, hogy jól összeálljon. Helyezze a tálat a hűtőszekrénybe legalább 30 percre.

Vegye ki a tálat a hűtőszekrényből. Adjuk hozzá a koktélparadicsomot, a rukkolát és az avokádót a tálba. Jól fűszerezzük, és jól összekeverjük. Hidegen tálaljuk.

Táplálkozás (100 grammonként): 198 kalória 17,5 g zsír 6,2 g szénhidrát 4,2 g fehérje 773 mg nátrium

Fűszeres Brokkoli Rabe és Articsóka Szívek

Elkészítési idő: 5 perc

Főzési idő: 15 perc

Adagok: 4

Nehézségi szint: közepes

Hozzávalók:

- 3 evőkanál olívaolaj, osztva
- 2 font (907 g) friss karalábé
- 3 gerezd fokhagyma, finomra vágva
- 1 teáskanál pirospaprika pehely
- 1 teáskanál só, plusz még ízlés szerint
- 383 g articsóka szív
- 1 evőkanál vizet
- 2 evőkanál vörösborecet
- Frissen őrölt fekete bors, ízlés szerint

Javallatok:

Melegítsen fel 2 evőkanál olívaolajat egy tapadásmentes serpenyőben, közepesen erős serpenyőben. Adjuk hozzá a brokkolit, a fokhagymát, a pirospaprika pelyhet és a sót a serpenyőbe, és pároljuk 5 percig, vagy amíg a brokkoli megpuhul.

Helyezze az articsóka szíveket a serpenyőbe, és pirítsa további 2 percig, vagy amíg megpuhul. Adjuk hozzá a vizet a serpenyőhöz, és vegyük le a hőt alacsonyra. Tedd rá a fedőt és párold 5 percig. Közben egy tálban keverjük össze az ecetet és az 1 evőkanál olívaolajat.

A főtt brokkolit és az articsókát olajozott ecettel ízesítjük, sóval és fekete borssal megszórjuk. Tálalás előtt alaposan keverjük össze.

Táplálkozás (100 grammonként): 272 kalória 21,5 g zsír 9,8 g szénhidrát 11,2 g fehérje 736 mg nátrium

Shakshuka

Elkészítési idő: 10 perc
Főzési idő: 25 perc
Adagok: 4
Nehézségi szint: nehéz

Hozzávalók:

- 5 evőkanál olívaolaj, osztva
- 1 piros kaliforniai paprika, felkockázva
- ½ kis sárga hagyma, apróra vágva
- 14 uncia (397 g) zúzott paradicsom levével
- 6 uncia (170 g) fagyasztott spenót, felolvasztva és a felesleges folyadéktól lecsepegve
- 1 teáskanál füstölt paprika
- 2 gerezd fokhagyma, finomra vágva
- 2 teáskanál chili pehely
- 1 evőkanál kapribogyó, durvára vágva
- 1 evőkanál vizet
- 6 nagy tojás
- ¼ teáskanál frissen őrölt fekete bors
- ¾ csésze feta vagy kecskesajt, morzsolva
- ¼ csésze friss lapos petrezselyem vagy apróra vágott koriander

Javallatok:

Melegítsd elő a sütőt 150°C-ra. Melegíts fel 2 evőkanál olívaolajat egy sütőben használható serpenyőben közepesen magas lángon. A kaliforniai paprikát és a hagymát addig pároljuk a serpenyőben, amíg a hagyma áttetsző lesz, a kaliforniai paprika pedig megpuhul.

Adjuk hozzá a paradicsomot és a levét, a spenótot, a paprikát, a fokhagymát, a pirospaprika pelyheket, a kapribogyót, a vizet és a 2 evőkanál olívaolajat a serpenyőbe. Jól összekeverjük és felforraljuk. Csökkentse a hőt alacsonyra, majd tegye le a fedőt, és párolja 5 percig.

Törjük fel a tojásokat a szószra, hagyjunk egy kis helyet az egyes tojások között, hagyjuk a tojást érintetlenül, és szórjuk meg frissen őrölt fekete borssal. Addig főzzük, amíg a tojás megfelelő készre nem ér.

Megszórjuk a sajttal a tojásokat és a szószt, és előmelegített sütőben 5 percig sütjük, amíg a sajt puha és aranybarna nem lesz. Forrón tálalás előtt meglocsoljuk a maradék 1 evőkanál olívaolajjal, és a tetejét megkenjük petrezselyemmel.

Táplálkozás (100 grammonként): 335 kalória 26,5 g zsír 5 g szénhidrát 16,8 g fehérje 736 mg nátrium

Spanakopita

Elkészítési idő: 15 perc

Főzési idő: 50 perc

Adagok: 6

Nehézségi szint: nehéz

Hozzávalók:

- 6 evőkanál olívaolaj, osztva
- 1 kis sárga hagyma, felkockázva
- 4 csésze fagyasztott apróra vágott spenót
- 4 gerezd fokhagyma, felaprítva
- ½ teáskanál só
- ½ teáskanál frissen őrölt fekete bors
- 4 nagy tojás, felverve
- 1 csésze túró
- ¾ csésze feta sajt, morzsolva
- ¼ csésze fenyőmag

Javallatok:

Kenjük ki a serpenyőt 2 evőkanál olívaolajjal. Állítsa a sütőt 375 F fokra. Melegítsen fel 2 evőkanál olívaolajat egy tapadásmentes serpenyőben közepesen magas lángon. Keverjük bele a hagymát a serpenyőbe, és pároljuk 6 percig, vagy amíg áttetsző és puha nem lesz.

Adja hozzá a spenótot, a fokhagymát, a sót és a fekete borsot a serpenyőbe, és pirítsa további 5 percig. Tedd őket egy tálba, és tedd félre. A felvert tojást és a ricottát egy külön tálban összekeverjük, majd beleöntjük a spenótos keverék edényébe. Keverjük jól össze.

Öntse a keveréket a serpenyőbe, és döntse meg a serpenyőt úgy, hogy a keverék egyenletesen fedje be az alját. Addig főzzük, amíg el nem kezd szilárdulni. Vegye ki az edényt a sütőből, és kenje meg a fetát és a fenyőmagot, majd csepegtesse meg a maradék 2 evőkanál olívaolajjal.

Helyezze vissza a tepsit a sütőbe, és süsse további 15 percig, vagy amíg a teteje aranybarna nem lesz. Vegye ki az edényt a sütőből. A spanakopitát hagyjuk hűlni néhány percig, és tálaláshoz szeleteljük fel.

Táplálkozás (100 grammonként): 340 kalória 27,3 g zsír 10,1 g szénhidrát 18,2 g fehérje 781 mg nátrium

Tagine

Elkészítési idő: 20 perc

Főzési idő: 60 perc

Adagok: 6

Nehézségi szint: közepes

Hozzávalók:

- ½ csésze olívaolaj
- 6 szár zeller, ¼ hüvelykes félholdokra vágva
- 2 közepes sárga hagyma, szeletelve
- 1 teáskanál őrölt kömény
- ½ teáskanál őrölt fahéj
- 1 teáskanál gyömbérpor
- 6 gerezd fokhagyma, felaprítva
- ½ teáskanál paprika
- 1 teáskanál sót
- ¼ teáskanál frissen őrölt fekete bors
- 2 csésze alacsony nátriumtartalmú zöldségleves
- 2 közepes cukkini fél hüvelyk vastagságú félkarikára vágva
- 2 csésze karfiol rózsákra vágva
- 1 közepes padlizsán, 1 hüvelykes kockákra vágva
- 1 csésze zöld olajbogyó, félbevágva és kimagozva
- 383 g articsóka szív, lecsepegtetve és negyedelve
- ½ csésze apróra vágott friss korianderlevél, díszítéshez
- ½ csésze natúr görög joghurt, díszítéshez

- ½ csésze apróra vágott friss lapos petrezselyem, díszítéshez

Javallatok:

Főzzük fel az olívaolajat egy serpenyőben, közepes lángon. Adjuk hozzá a zellert és a hagymát az edénybe, és pirítsuk 6 percig. Tedd az edénybe a köményt, a fahéjat, a gyömbért, a fokhagymát, a paprikát, a sót és a fekete borsot, és pirítsd még 2 percig, amíg aromás lesz.

Öntsük a zöldséglevet az edénybe, és forraljuk fel. Csökkentse a hőt alacsonyra, és adja hozzá a cukkinit, a karfiolt és a padlizsánt. Fedjük le és pároljuk 30 percig, vagy amíg a zöldségek megpuhulnak. Ezután adjuk hozzá az olajbogyót és az articsóka szíveket a medencéhez, és pároljuk további 15 percig. Öntse őket egy nagy tálba vagy tagine-be, majd tálalja korianderrel, görög joghurttal és petrezselyemmel.

Táplálkozás (100 grammonként): 312 kalória 21,2 g zsír 9,2 g szénhidrát 6,1 g fehérje 813 mg nátrium

Citrusos pisztácia és spárga

Elkészítési idő: 10 perc

Főzési idő: 10 perc

Adagok: 4

Nehézségi szint: nehéz

Hozzávalók:

- 2 klementin vagy 1 narancs héja és leve
- 1 citrom héja és leve
- 1 evőkanál vörösborecet
- 3 evőkanál extra szűz olívaolaj, osztva
- 1 teáskanál só, osztva
- ¼ teáskanál frissen őrölt fekete bors
- ½ csésze héjas pisztácia
- 454 g friss spárga, vágva
- 1 evőkanál vizet

Javallatok:

Keverjük össze a klementint és a citrom héját és levét, ecetet, 2 evőkanál olívaolajat, 1/2 teáskanál sót és fekete borsot. Keverjük jól össze. Félretenni.

Pirítsd meg a pisztáciát egy tapadásmentes serpenyőben közepesen magas lángon 2 percig, vagy amíg aranybarna nem lesz. Tegye át a pirított pisztáciát egy tiszta munkafelületre, majd vágja durvára. Keverje hozzá a pisztáciát a citrusos keverékhez. Félretenni.

Melegítse fel a maradék olívaolajat egy tapadásmentes serpenyőben közepesen magas lángon. Adjuk hozzá a spárgát a serpenyőbe, és pirítsuk 2 percig, majd ízesítsük a maradék sóval. Adjuk hozzá a vizet a serpenyőhöz. Vedd le a hőt alacsonyra, és tedd rá a fedőt. 4 percig pároljuk, amíg a spárga megpuhul.

Vegye ki a spárgát a serpenyőből egy nagy tányérra. Öntsük a citrusos-pisztácia keveréket a spárgára. Tálalás előtt alaposan keverjük össze, hogy bevonja.

Táplálkozás (100 grammonként): 211 kalória 17,5 g zsír 3,8 g szénhidrát 5,9 g fehérje 901 mg nátrium

Töltött padlizsán paradicsommal és petrezselyemmel

Elkészítési idő: 15 perc

Főzési idő: 2 óra 10 perc

Adagok: 6

Nehézségi szint: közepes

Hozzávalók:

- ¼ csésze extra szűz olívaolaj
- 3 kisebb padlizsán, hosszában félbevágva
- 1 teáskanál tengeri só
- ½ teáskanál frissen őrölt fekete bors
- 1 nagy sárga hagyma, apróra vágva
- 4 gerezd fokhagyma, felaprítva
- 425 g kockára vágott paradicsom levével
- ¼ csésze friss lapos petrezselyem, finomra vágva

Javallatok:

Töltsük fel a lassú tűzhely betétet 2 evőkanál olívaolajjal. Vágjon néhány rést a padlizsánfél vágott oldalára, és hagyjon ¼ hüvelyk távolságot az egyes rések között. Helyezze a padlizsán feleket a lassú tűzhelybe, bőrös felével lefelé. Sóval és fekete borssal megszórjuk.

Melegítse fel a maradék olívaolajat egy tapadásmentes serpenyőben közepesen magas lángon. Adja hozzá a hagymát és a fokhagymát a serpenyőbe, és pirítsa 3 percig, vagy amíg a hagyma áttetszővé válik.

Adjuk hozzá a petrezselymet és a paradicsomot levével a serpenyőbe, és szórjuk meg sóval és fekete borssal. Pároljuk további 5 percig, vagy amíg megpuhul. Oszd szét és öntsd a keveréket a tepsibe a padlizsánfelekre.

Tedd le a lassú tűzhelyre a fedőt, és HIGH-on főzd 2 órán át, amíg a padlizsán megpuhul. A padlizsánokat tányérra tesszük, és tálalás előtt néhány percig hűlni hagyjuk.

Táplálkozás (100 grammonként): 455 kalória 13 g zsír 14 g szénhidrát 14 g fehérje 719 mg nátrium

lecsó

Elkészítési idő: 15 perc

Főzési idő: 7 óra

Adagok: 6

Nehézségi szint: közepes

Hozzávalók:

- 3 evőkanál extra szűz olívaolaj
- 1 nagy padlizsán hámozatlanul, szeletelve
- 2 nagy hagyma, szeletelve
- 4 kis cukkini, szeletelve
- 2 zöldpaprika
- 6 nagy paradicsom, fél hüvelykes szeletekre vágva
- 2 evőkanál friss lapos petrezselyem, apróra vágva
- 1 teáskanál szárított bazsalikom
- 2 gerezd fokhagyma, felaprítva
- 2 teáskanál tengeri só
- ¼ teáskanál frissen őrölt fekete bors

Irány:

Töltsük meg a lassú tűzhely betétet 2 evőkanál olívaolajjal. A lassú tűzhely betétben felváltva helyezze el a zöldségszeleteket, csíkokat és szeleteket. Szórjuk meg a petrezselymet a zöldségekre, és ízesítsük bazsalikommal, fokhagymával, sóval és fekete borssal. Meglocsoljuk a maradék olívaolajjal. Zárja le, és főzze LOW-on 7 órán keresztül, amíg a zöldségek megpuhulnak. A zöldségeket tányérra tesszük, és melegen tálaljuk.

Táplálkozás (100 grammonként): 265 kalória 1,7 g zsír 13,7 g szénhidrát 8,3 g fehérje 800 mg nátrium

gemist

Elkészítési idő: 15 perc

Főzési idő: 4 óra

Adagok: 4

Nehézségi szint: közepes

Hozzávalók:

- 2 evőkanál extra szűz olívaolaj
- 4 nagy paprika, bármilyen színű
- ½ csésze nyers kuszkusz
- 1 teáskanál oregánó
- 1 gerezd fokhagyma, felaprítva
- 1 csésze morzsolt feta sajt
- 1 doboz (15 oz/425 g) cannellini bab, leöblítve és lecsepegtetve
- Só és bors ízlés szerint
- 1 citrom szelet
- 4 zöldhagyma, fehér és zöld részek szétválasztva, vékonyra szeletelve

Irány:

Vágjon egy 1/2 hüvelykes éket a szár alá a paprika tetejéről. Csak a szárát tekerjük ki, és a tetejét vágjuk fel a szár alá, és tegyük félre egy tálba. Vágja ki a borsot egy kanállal. Kenje meg a lassú tűzhelyet olajjal.

A többi hozzávalót, a zöldhagyma zöld részeit és a citromkarikákat, beledolgozzuk a feldarabolt kaliforniai paprika táljába. Keverjük jól össze. Öntsük a keveréket a kivájt borsba, és helyezzük el a töltött paprikát a lassú tűzhelyen, majd csepegtessük meg még olívaolajjal.

Zárja le a lassú tűzhely fedelét, és főzze HIGH-on 4 órán keresztül, vagy amíg a paprika megpuhul.

Vegye ki a paprikát a lassú tűzhelyről, és tálra tálalja. Tálalás előtt szórjuk meg a zöldhagyma zöld részeivel, és facsarjuk rá a citromkarikákat.

Táplálkozás (100 grammonként): 246 kalória 9 g zsír 6,5 g szénhidrát 11,1 g fehérje 698 mg nátrium

Töltött káposzta tekercs

Elkészítési idő: 15 perc

Főzési idő: 2 óra

Adagok: 4

Nehézségi szint: nehéz

Hozzávalók:

- 4 evőkanál olívaolaj, osztva
- 1 nagy zöld káposzta, magházzal
- 1 nagy sárga hagyma, apróra vágva
- 85 g feta sajt, morzsolva
- ½ csésze szárított ribizli
- 3 csésze főtt gyöngy árpa
- 2 evőkanál friss lapos petrezselyem, apróra vágva
- 2 evőkanál fenyőmag, pirítva
- ½ teáskanál tengeri só
- ½ teáskanál fekete bors
- 425 g zúzott paradicsom, levével
- 1 evőkanál almaecet
- ½ csésze almalé

Javallatok:

Kenje meg a lassú tűzhely betétet 2 evőkanál olívaolajjal. A káposztát egy fazék vízben 8 percig blansírozzuk. Vegyük ki a vízből és tegyük félre, majd válasszunk el 16 levelet a káposztától. Félretenni.

A maradék olívaolajat öntsük egy tapadásmentes serpenyőbe, és melegítsük közepes lángon. A hagymát a serpenyőbe keverjük, és addig főzzük, amíg a hagyma és a kaliforniai paprika megpuhul. Tegye át a hagymát egy tálba.

Adja hozzá a fetát, a ribizlit, az árpát, a petrezselymet és a fenyőmagot a főtt hagymás tálba, majd szórja meg ¼ teáskanál sóval és ¼ teáskanál fekete borssal.

Helyezze el a káposztaleveleket egy tiszta munkafelületen. Öntsön 1/3 csésze keveréket minden tányér közepére, majd hajtsa a szélét a keverékre, és tekerje fel. Helyezze a káposzta tekercseket a lassú tűzhelybe, varrás oldalukkal lefelé.

A többi hozzávalót külön tálba tesszük, majd a keveréket a káposzta tekercsekre öntjük. Zárja le a lassú tűzhely fedelét, és főzze HIGH-on 2 órán keresztül. Vegye ki a káposzta tekercseket a lassú tűzhelyről, és forrón tálalja.

Táplálkozás (100 grammonként): 383 kalória 14,7 g zsír 12,9 g szénhidrát 10,7 g fehérje 838 mg nátrium

Kelbimbó balzsammázzal

Elkészítési idő: 15 perc

Főzési idő: 2 óra

Adagok: 6

Nehézségi szint: közepes

Hozzávalók:

- Balzsames máz:
- 1 csésze balzsamecet
- ¼ csésze méz
- 2 evőkanál extra szűz olívaolaj
- 2 font (907 g) kelbimbó, meghámozva és félbevágva
- 2 csésze alacsony nátriumtartalmú zöldségleves
- 1 teáskanál tengeri só
- Frissen őrölt fekete bors, ízlés szerint
- ¼ csésze reszelt parmezán
- ¼ csésze fenyőmag

Javallatok:

Készítsük el a balzsamecetet: Keverjük össze a balzsamecetet és a mézet egy lábosban. Keverjük jól össze. Közepes-magas lángon forraljuk fel. Csökkentse a hőt alacsonyra, majd párolja 20 percig, vagy amíg a máz a felére csökken, és sűrű lesz. Tegyen egy kis olívaolajat a lassú tűzhely betétébe.

Tegye a kelbimbót, a zöldséglevest és 1/2 teáskanál sót a lassú tűzhelybe, keverje össze. Zárja le a lassú tűzhely fedelét, és főzze HIGH-on 2 órán át, amíg a kelbimbó megpuhul.

Tegye a kelbimbót egy tányérba, és szórja meg a maradék sóval és fekete borssal a fűszerezéshez. A kelbimbóra kenjük a balzsammázat, majd parmezánnal és fenyőmaggal tálaljuk.

Táplálkozás (100 grammonként): 270 kalória 10,6 g zsír 6,9 g szénhidrát 8,7 g fehérje 693 mg nátrium

Spenót saláta citrusos vinaigrette-vel

Elkészítési idő: 10 perc

Főzési idő: 0 perc

Adagok: 4

Nehézségi szint: könnyű

Hozzávalók:

- Citrus vinaigrette:
- ¼ csésze extra szűz olívaolaj
- 3 evőkanál balzsamecet
- ½ teáskanál friss citromhéj
- ½ teáskanál só
- Saláta:
- 454 g bébispenót, megmosva és szár nélkül
- 1 nagy érett paradicsom ¼ hüvelykes darabokra vágva
- 1 közepes vöröshagyma, vékonyra szeletelve

Javallatok:

Készítse el a citrusos vinaigrettet: Keverje össze az olívaolajat, a balzsamecetet, a citromhéjat és a sót egy tálban, amíg jól el nem keveredik.

A saláta elkészítése: A spenótot, a paradicsomot és a hagymát külön salátástálba tesszük. Töltsük meg a salátát citrusos vinaigrette-vel, és óvatosan keverjük össze, amíg a zöldségek jól be nem vonódnak.

Táplálkozás (100 grammonként): 173 kalória 14,2 g zsír 4,2 g szénhidrát 4,1 g fehérje 699 mg nátrium

Egyszerű zeller és narancs saláta

Elkészítési idő: 15 perc

Főzési idő: 0 perc

Adagok: 6

Nehézségi szint: könnyű

Hozzávalók:

- Saláta:
- 3 szár zeller, a levelekkel együtt, átlósan ½ hüvelykes szeletekre vágva
- ½ csésze zöld olajbogyó
- ¼ csésze szeletelt vöröshagyma
- 2 nagy hámozott narancs, karikákra vágva
- Fűszerezés:
- 1 evőkanál extra szűz olívaolaj
- 1 evőkanál citrom vagy narancslé
- 1 evőkanál olíva sóoldat
- ¼ teáskanál kóser vagy tengeri só
- ¼ teáskanál frissen őrölt fekete bors

Javallatok:

A saláta elkészítése: A zellerrudakat, a zöld olajbogyót, a hagymát és a narancsot egy sekély tálba helyezzük. Jól összekeverjük és félretesszük.

Elkészítjük az öntetet: jól összekeverjük az olívaolajat, a citromlevet, a sóoldatot, a sót és a borsot.

Az öntetet a salátástálba öntjük, és enyhén átforgatjuk, amíg teljesen bevonatos lesz.

Hidegen vagy szobahőmérsékleten tálaljuk.

Táplálkozás (100 grammonként): 24 kalória 1,2 g zsír 1,2 g szénhidrát 1,1 g fehérje 813 mg nátrium

Sült padlizsán tekercs

Elkészítési idő: 20 perc

Főzési idő: 10 perc

Adagok: 6

Nehézségi szint: közepes

Hozzávalók:

- 2 nagy padlizsán
- 1 teáskanál sót
- 1 csésze reszelt ricotta
- 113 g kecskesajt, reszelve
- ¼ csésze finomra vágott friss bazsalikom
- ½ teáskanál frissen őrölt fekete bors
- permetezzen olívaolajat

Javallatok:

A felszeletelt padlizsánt szűrőedénybe tesszük és sózzuk. Tedd félre 15-20 percre.

Keverje össze a ricottát és a kecskesajtot, a bazsalikomot és a fekete borsot egy nagy tálban, és keverje össze. Félretenni. Papírtörlővel szárítsa meg a padlizsánszeleteket, és enyhén permetezze meg őket olívaolajjal.

Melegíts fel egy nagy serpenyőt közepes lángon, és enyhén permetezd be olívaolajjal. A padlizsánszeleteket elrendezzük a serpenyőben, és mindkét oldalukat 3 perc alatt aranybarnára sütjük.

Vegyük le a tűzről egy papírtörlővel bélelt tányérra, és pihentessük 5 percig. Készítse el a padlizsántekercseket: Fektesse a padlizsánszeleteket egy sima munkafelületre, és minden szelet tetejére tegyen egy evőkanál elkészített sajtkeveréket. Feltekerjük és azonnal tálaljuk.

Táplálkozás (100 grammonként): 254 kalória 14,9 g zsír 7,1 g szénhidrát 15,3 g fehérje 612 mg nátrium

Sült zöldségek és egy tál barna rizs

Elkészítési idő: 15 perc

Főzési idő: 20 perc

Adagok: 4

Nehézségi szint: közepes

Hozzávalók:

- 2 csésze karfiol rózsa
- 2 csésze brokkoli rózsa
- 1 doboz csicseriborsó (15 uncia / 425 g)
- 1 csésze sárgarépa szelet (kb. 1 hüvelyk vastag)
- 2-3 evőkanál extra szűz olívaolaj, osztva
- Só és fekete bors, ízlés szerint
- Tapadásmentes főző spray
- 2 csésze főtt barna rizs
- 3 evőkanál szezámmag
- <u>Fűszerezés:</u>
- 3-4 evőkanál tahini
- 2 evőkanál méz
- 1 citrom, kifacsarva
- 1 gerezd fokhagyma, felaprítva
- Só és fekete bors, ízlés szerint

Javallatok:

Készítse elő a sütőt 205 C-ra. Fújjon be két tepsit tapadásmentes főzőspray-vel.

Az első tálcán elrendezzük a karfiolt és a brokkolit, a másodikon pedig a csicseriborsó- és sárgarépaszeleteket.

Minden leveles tésztát meglocsolunk az olívaolaj felével, és megszórjuk sóval és borssal. Jól keverjük össze, hogy bevonja.

A csicseriborsó- és sárgarépaszeleteket előmelegített sütőben 10 percig pirítjuk, a sárgarépát pedig puhára, de ropogósra, a karfiolt és a brokkolit pedig 20 perc alatt puhára pirítjuk. A főzés felénél egyszer keverjük meg őket.

Közben elkészítjük az öntetet: egy kis tálban keverjük össze a tahinit, a mézet, a citromlevet, a fokhagymát, a sót és a borsot.

Osszuk el a főtt barna rizst négy tálba. Minden tálat egyenletesen bekenünk a sült zöldségekkel és öntettel. Tálalás előtt szórjuk meg szezámmaggal a díszítéshez.

Táplálkozás (100 grammonként): 453 kalória 17,8 g zsír 11,2 g szénhidrát 12,1 g fehérje 793 mg nátrium

Karfiol sárgarépával

Elkészítési idő: 10 perc

Főzési idő: 10 perc

Adagok: 4

Nehézségi szint: könnyű

Hozzávalók:

- 3 evőkanál extra szűz olívaolaj
- 1 nagy hagyma, apróra vágva
- 1 evőkanál darált fokhagyma
- 2 csésze kockára vágott sárgarépa
- 4 csésze karfiol rózsa
- ½ teáskanál őrölt kömény
- 1 teáskanál sót

Javallatok:

Főzzük fel az olívaolajat közepes lángon. Keverjük hozzá a hagymát és a fokhagymát, és pirítsuk 1 percig. Hozzákeverjük a sárgarépát, és kevergetve 3 percig pirítjuk. Adjuk hozzá a karfiol rózsákat, a köményt és a sót, és keverjük össze.

Lefedve 3 percig sütjük, amíg enyhén megpirul. Jól keverjük össze, és fedő nélkül 3-4 percig főzzük, amíg megpuhul. Levesszük a tűzről és forrón tálaljuk.

Táplálkozás (100 grammonként): 158 kalória 10,8 g zsír 5,1 g szénhidrát 3,1 g fehérje 813 mg nátrium

Fokhagymás cukkini kockák mentával

Elkészítési idő: 5 perc

Főzési idő: 10 perc

Adagok: 4

Nehézségi szint: könnyű

Hozzávalók:

- 3 nagy zöld cukkini
- 3 evőkanál extra szűz olívaolaj
- 1 nagy hagyma, apróra vágva
- 3 gerezd fokhagyma, felaprítva
- 1 teáskanál sót
- 1 teáskanál száraz menta

Javallatok:

Az olívaolajat egy nagy serpenyőben, közepes lángon főzzük meg.

Hozzákeverjük a hagymát és a fokhagymát, és állandó keverés mellett 3 percig pirítjuk, vagy amíg megpuhul.

Keverjük hozzá a kockára vágott cukkinit és a sót, és főzzük 5 percig, vagy amíg a cukkini meg nem pirul és megpuhul.

Adjuk hozzá a mentát a serpenyőbe, keverjük össze, majd főzzük tovább 2 percig. Forrón tálaljuk.

Táplálkozás (100 grammonként): 146 kalória 10,6 g zsír 3 g szénhidrát 4,2 g fehérje 789 mg nátrium

Tál cukkini és articsóka Faroval

Elkészítési idő: 15 perc

Főzési idő: 10 perc

Adagok: 6

Nehézségi szint: könnyű

Hozzávalók:

- 1/3 csésze extra szűz olívaolaj
- 1/3 csésze apróra vágott vöröshagyma
- ½ csésze apróra vágott pirospaprika
- 2 gerezd fokhagyma, felaprítva
- 1 csésze cukkini ½ hüvelyk vastag szeletekre vágva
- ½ csésze durvára vágott articsóka
- ½ csésze konzerv csicseriborsó, lecsepegtetve és leöblítve
- 3 csésze főtt faro
- Só és fekete bors, ízlés szerint
- ½ csésze morzsolt feta sajt, tálaláshoz (opcionális)
- ¼ csésze szeletelt olajbogyó, tálaláshoz (opcionális)
- 2 evőkanál friss bazsalikom, chiffonade, tálaláshoz (elhagyható)
- 3 evőkanál balzsamecet, tálaláshoz (elhagyható)

Javallatok:

Egy nagy serpenyőben közepes lángon hevítsük fel az olívaolajat, amíg megpuhul. Hozzákeverjük a hagymát, a kaliforniai paprikát és a fokhagymát, és 5 percig pároljuk, időnként megkeverve, amíg megpuhul.

Keverjük hozzá a cukkiniszeleteket, az articsókát és a csicseriborsót, és pároljuk körülbelül 5 percig, amíg kissé megpuhul. Adjuk hozzá a főtt farót, és keverjük össze, amíg át nem melegszik. Sóval, borssal fűszerezzük.

A keveréket tálakba osztjuk. Mindegyik tál tetejét egyenletesen megkenjük feta sajttal, olíva szeletekkel és bazsalikommal, és ha szükséges, meglocsoljuk balzsamecettel.

Táplálkozás (100 grammonként): 366 kalória 19,9 g zsír 9 g szénhidrát 9,3 g fehérje 819 mg nátrium

Cukkinis palacsinta 5 hozzávalóval

Elkészítési idő: 15 perc

Főzési idő: Öt perc

Adagok: 14

Nehézségi szint: közepes

Hozzávalók:

- 4 csésze reszelt cukkini
- Só ízlés szerint
- 2 nagy tojás, enyhén felverve
- 1/3 csésze szeletelt mogyoróhagyma
- 2/3 liszt 00
- 1/8 teáskanál fekete bors
- 2 evőkanál olívaolaj

Javallatok:

A lereszelt cukkinit szűrőedénybe tesszük és enyhén sózzuk. Tedd félre 10 percre pihenni. A reszelt cukkiniből szívjunk fel minél több folyadékot.

A reszelt cukkinit egy tálba öntjük. Hozzákeverjük a felvert tojást, a medvehagymát, a lisztet, a sót és a borsot, és addig keverjük, amíg minden jól el nem keveredik.

Az olívaolajat egy nagy serpenyőben közepes lángon melegítsük fel.

Öntsön 3 evőkanál kupac cukkini keveréket a forró serpenyőbe, hogy minden palacsintát formázzon, finoman szúrja őket kerek karikákra, és helyezze el egymástól körülbelül 2 hüvelyk távolságra.

2-3 percig főzzük. Fordítsa meg a cukkini rántottát, és süsse további 2 percig, vagy amíg aranybarna és átsül.

Levesszük a tűzről egy papírtörlővel bélelt tányérra. Ismételje meg a maradék cukkini keverékkel. Forrón tálaljuk.

Táplálkozás (100 grammonként): 113 kalória 6,1 g zsír 9 g szénhidrát 4 g fehérje 793 mg nátrium

Linguine tenger gyümölcseivel

Elkészítési idő: 10 perc

Főzési idő: 35 perc

Adagok: 2

Nehézségi szint: nehéz

Hozzávalók:

- 2 gerezd fokhagyma, felaprítva
- 4 uncia Linguine, teljes kiőrlésű
- 1 evőkanál olívaolaj
- 14 uncia paradicsom, konzerv és kockára vágva
- 1/2 evőkanál medvehagyma, darálva
- 1/4 csésze fehérbor
- Tengeri só és fekete bors ízlés szerint
- 6 Cseresznyés kagyló, tisztítva
- 4 uncia tilápia, 1 hüvelykes csíkokra vágva
- 4 uncia szárított tengeri kagyló
- 1/8 csésze parmezán, reszelve
- 1/2 teáskanál majoránna, apróra vágva és frissen

Javallatok:

Forraljuk fel a vizet az edényben, majd főzzük puhára a tésztát, ami körülbelül nyolc percig tart. Lecsepegtetjük, majd leöblítjük a tésztát.

Melegítsd fel az olajat egy nagy serpenyőben közepes lángon, majd ha felforrt, add hozzá a fokhagymát és a medvehagymát. Főzzük egy percig, és gyakran keverjük meg.

Növelje a hőt közepesen magasra, mielőtt hozzáadja a sót, a bort, a borsot és a paradicsomot, és felforralja. Főzzük még egy percig.

Ezután hozzáadjuk a kagylót, lefedjük és további két percig főzzük.

Ezután hozzáadjuk a majoránnát, a kagylót és a halat. Folytassa a főzést, amíg a hal teljesen meg nem fő, és a kagylók ki nem nyílnak, ez legfeljebb öt percig tart, és dobja ki a nem nyíló kagylókat.

Öntsük a szószt és a kagylót a tésztára, tálalás előtt szórjuk meg parmezánnal és majoránnával. Forrón tálaljuk.

Táplálkozás (100 grammonként): 329 kalória 12 g zsír 10 g szénhidrát 33 g fehérje 836 mg nátrium

Gyömbéres garnélarák és paradicsomszósz

Elkészítési idő: 10 perc

Főzési idő: 15 perc

Adagok: 2

Nehézségi szint: nehéz

Hozzávalók:

- 1 és fél evőkanál növényi olaj
- 1 gerezd fokhagyma, felaprítva
- 10 garnélarák, extra nagy, hámozott és farok maradt
- 3/4 evőkanál ujjnyi, lereszelve és meghámozva
- 1 zöld paradicsom, félbevágva
- 2 szilvás paradicsom félbevágva
- 1 evőkanál citromlé, frissen
- 1/2 teáskanál cukor
- 1/2 evőkanál magozott jalapeño, frissen és őrölve
- 1/2 evőkanál bazsalikom, frissen és apróra vágva
- 1/2 evőkanál koriander apróra vágva és frissen
- 10 nyárs
- Tengeri só és fekete bors ízlés szerint

Javallatok:

Áztassuk be a nyársakat egy fazék vízbe legalább fél órára.

Keverjük össze a fokhagymát és a gyömbért egy tálban, a felét tegyük át egy nagyobb tálba, és keverjük össze két evőkanál olajjal. Adjuk hozzá a garnélarákot, és győződjön meg róla, hogy jól be van vonva.

Fedjük le és tegyük be a hűtőbe legalább fél órára, majd hagyjuk kihűlni.

Melegítsük fel a grillt magas fokon, és vékonyan kenjük meg olajjal a rácsokat. Vegyünk egy tálat, és dobjuk meg a szilvát és a zöld paradicsomot a maradék evőkanál olajjal, ízesítsük sóval és borssal.

A paradicsomot vágott felükkel felfelé grillezzük meg, a héja pedig legyen elszenesedve. A paradicsom húsának puhanak kell lennie, ami szilvaparadicsomnál négy-hat percig, zöldparadicsomnál pedig körülbelül tíz percig tart.

Távolítsa el a héját, amikor a paradicsom elég kihűlt ahhoz, hogy kezelni tudja, majd dobja ki a magokat. A paradicsom húsát apróra vágjuk, hozzáadjuk a fenntartott gyömbérhez és fokhagymához. Adjuk hozzá a cukrot, a jalapenót, a lime levét és a bazsalikomot.

Sózzuk és borsozzuk a garnélarákot úgy, hogy a nyársra fűzzük, majd grillezzük átlátszatlanságig, ami oldalanként körülbelül két perc. Tegye a garnélarákokat egy tálra ízlése szerint, és élvezze.

Táplálkozás (100 grammonként): 391 kalória 13 g zsír 11 g szénhidrát 34 g fehérje 693 mg nátrium

Garnélás tészta

Elkészítési idő: 10 perc

Főzési idő: 10 perc

Adagok: 2

Nehézségi szint: közepes

Hozzávalók:

- 2 csésze angyalhaj tészta, főzve
- 1/2 font közepes garnélarák, hámozott
- 1 gerezd fokhagyma, felaprítva
- 1 csésze paradicsom, apróra vágva
- 1 teáskanál olívaolaj
- 1/6 csésze Kalamata olajbogyó, kimagozva és apróra vágva
- 1/8 csésze bazsalikom, frissen és vékonyra szeletelve
- 1 evőkanál kapribogyó, lecsepegtetve
- 1/8 csésze feta sajt, morzsolva
- Egy csipet fekete bors

Javallatok:

A tésztát a csomagoláson található utasítások szerint főzzük ki, majd egy serpenyőben, közepes lángon hevítsük fel az olívaolajat. A fokhagymát fél percig főzzük, majd hozzáadjuk a garnélarákot. Pároljuk még egy percig.

Adjuk hozzá a bazsalikomot és a paradicsomot, majd csökkentsük a lángot, és pároljuk három percig. A paradicsomnak puhanak kell lennie.

Hozzákeverjük az olajbogyót és a kapribogyót. Adjunk hozzá egy csipetnyi fekete borsot, és keverjük össze a garnélarák keveréket és a tésztát a tálaláshoz. Tálalás előtt forrón megszórjuk sajttal.

Táplálkozás (100 grammonként): 357 kalória 11 g zsír 9 g szénhidrát 30 g fehérje 871 mg nátrium

mediterrán tőkehal

Elkészítési idő: 10 perc

Főzési idő: 25 perc

Adagok: 2

Nehézségi szint: közepes

Hozzávalók:

- 2 tőkehal filé, 6 oz
- Tengeri só és fekete bors ízlés szerint
- 1/4 csésze száraz fehérbor
- 1/4 csésze halleves
- 2 gerezd fokhagyma, felaprítva
- 1 babérlevél
- 1/2 teáskanál zsálya, frissen és apróra vágva
- 2 szál rozmaring a díszítéshez

Javallatok:

Kezdje azzal, hogy a sütőt 375 fokra melegítse, majd fűszerezze a filéket sóval és borssal. Tedd őket egy serpenyőbe, és add hozzá a húslevest, a fokhagymát, a bort, a zsályát és a babérlevelet. Fedjük le szorosan, és süssük húsz percig. A halnak pelyhesnek kell lennie, ha villával teszteljük.

Távolítson el minden filét egy spatulával, helyezze a folyadékot nagy lángra, és csökkentse felére. Ez tíz percig tart, és gyakran kell keverni. Forrásban lévő folyadékban lecsepegve, egy szál rozmaringgal díszítve tálaljuk.

Táplálkozás (100 grammonként): 361 kalória 10 g zsír 9 g szénhidrát 34 g fehérje 783 mg nátrium

Kagyló fehérborban

Elkészítési idő: 5 perc

Főzési idő: 10 perc

Adagok: 2

Nehézségi szint: nehéz

Hozzávalók:

- 2 £ Élő kagyló, frissen
- 1 pohár száraz fehérbor
- 1/4 teáskanál tengeri só, finom
- 3 gerezd fokhagyma, felaprítva
- 2 teáskanál medvehagyma kockára vágva
- 1/4 csésze petrezselyem, frissen és apróra vágva, osztva
- 2 evőkanál olívaolaj
- 1/4 citrom, kifacsarva

Javallatok:

Vegyünk egy szűrőedényt, és dörzsöljük le a kagylókat, majd öblítsük le hideg vízzel. Csomagolja ki azokat a kagylókat, amelyek nem záródnak be, ha megütögetik, majd nyírókéssel távolítsa el mindegyikről a szakállt.

Vegyük ki az edényt, tegyük közepesen magas lángra, és adjuk hozzá a fokhagymát, a medvehagymát, a bort és a petrezselymet. Forraljuk fel. Ha forr, hozzáadjuk a kagylót és lefedjük. Hagyja őket párolni öt-hét percig. Ügyeljen arra, hogy ne süssék túl.

Egy lyukas kanál segítségével távolítsa el őket, és adjuk hozzá a citromlevet és az olívaolajat az edényhez. Jól keverjük össze, és a petrezselyemmel tálalás előtt öntsük a húslevesre a kagylót.

Táplálkozás (100 grammonként): 345 kalória 9 g zsír 18 g szénhidrát 37 g fehérje 693 mg nátrium

Kapros lazac

Elkészítési idő: 10 perc

Főzési idő: 15 perc

Adagok: 2

Nehézségi szint: közepes

Hozzávalók:

- 2 lazac filé, egyenként 6 uncia
- 1 evőkanál olívaolaj
- 1/2 mandarin, levét
- 2 teáskanál narancshéj
- 2 evőkanál kapor frissen és apróra vágva
- Tengeri só és fekete bors ízlés szerint

Javallatok:

Melegítse elő a sütőt 375 fokra, majd vegyen ki két tíz hüvelykes alufóliát. A filéket mindkét oldalát megkenjük olívaolajjal, mielőtt sóval és borssal ízesítjük, és minden filét fóliába tesszük.

Mindegyikre öntjük a narancslevet, majd hozzáadjuk a narancshéjat és a kaprot. Hajtsa össze a csomagot, ügyeljen arra, hogy a fólia belsejében legyen két hüvelykes légrés, hogy a hal megpárologhasson, majd helyezze egy tepsire.

A csomagok felbontása előtt negyed órát sütjük, majd két tálalólapra tesszük. Tálalás előtt mindegyikre öntjük a szószt.

Táplálkozás (100 grammonként): 366 kalória 14 g zsír 9 g szénhidrát 36 g fehérje 689 mg nátrium

mediterrán lazac

Elkészítési idő: 8 perc

Főzési idő: 8 perc

Adagok: 2

Nehézségi szint: könnyű

Hozzávalók:

- Lazac, 6 oz filé
- Citrom, 2 szelet
- Kapribogyó, 1 evőkanál
- Tengeri só és bors, 1/8 tk
- Extra szűz olívaolaj, 1 ek

Javallatok:

Helyezzen egy tiszta serpenyőt közepes lángra, hogy 3 percig készüljön. Tegye egy tányérra az olívaolajat, és vonja be teljesen a lazacot. A lazacot serpenyőben nagy lángon megfőzzük.

A lazac tetejét megkenjük a többi hozzávalóval, és mindkét oldalát megfordítva sütjük. Figyeljük meg, ha mindkét oldal barna. Ez oldalanként 3-5 percig tarthat. Győződjön meg róla, hogy a lazac átsült, villával tesztelve.

Citromszeletekkel tálaljuk.

Táplálkozás (100 grammonként): 371 kalória 25,1 g zsír 0,9 g szénhidrát 33,7 g fehérje 782 mg nátrium

Tonhal dallam

Elkészítési idő: 20 perc

Főzési idő: 20 perc

Adagok: 2

Nehézségi szint: könnyű

Hozzávalók:

- Tonhal, 12 oz
- Zöldhagyma, 1 a díszítéshez
- Kaliforniai paprika, ¼, apróra vágva
- Ecet, 1 fröccs
- Só és bors ízlés szerint
- Avokádó, 1, félbevágva és kimagozva
- görög joghurt, 2 ek

Javallatok:

A tonhalat egy tálban összekeverjük az ecettel, a hagymával, a joghurttal, az avokádóval és a borssal.

Hozzáadjuk a fűszereket, összekeverjük és zöldhagymás körettel tálaljuk.

Táplálkozás (100 grammonként): 294 kalória 19 g zsír 10 g szénhidrát 12 g fehérje 836 mg nátrium

Ízletes steakek

Elkészítési idő: 10 perc

Főzési idő: 20 perc

Adagok: 2

Nehézségi szint: könnyű

Hozzávalók:

- Olívaolaj, 1 tk
- Laposhal steak, 8 oz
- Fokhagyma, ½ teáskanál, darált
- Vaj, 1 evőkanál
- Só és bors ízlés szerint

Javallatok:

Egy serpenyőt felforrósítunk és hozzáadjuk az olajat. Közepes lángon pirítsuk meg a steakeket egy serpenyőben, olvasszuk fel a vajat a fokhagymával, sóval és borssal. Adjuk hozzá a steakeket, keverjük be, és tálaljuk.

Táplálkozás (100 grammonként): 284 kalória 17 g zsír 0,2 g szénhidrát 8 g fehérje 755 mg nátrium

Gyógynövényes lazac

Elkészítési idő: 8 perc

Főzési idő: 18 perc

Adagok: 2

Nehézségi szint: könnyű

Hozzávalók:

- Lazac, 2 bőr nélküli filé
- Ízlés szerint durva só
- Extra szűz olívaolaj, 1 ek
- Citrom, 1, szeletelve
- Friss rozmaring, 4 szál

Javallatok:

Melegítsük elő a sütőt 400 F-ra. Alufóliát tegyünk egy tepsibe, és tegyük rá a lazacot. Egészítsd ki a lazacot a többi hozzávalóval, és süsd 20 percig. Azonnal citromkarikával tálaljuk.

Táplálkozás (100 grammonként): 257 kalória 18 g zsír 2,7 g szénhidrát 7 g fehérje 836 mg nátrium

Füstölt mázas tonhal

Elkészítési idő: 35 perc

Főzési idő: 10 perc

Adagok: 2

Nehézségi szint: könnyű

Hozzávalók:

- Tonhal, 4 uncia steak
- Narancslé, 1 evőkanál
- Darált fokhagyma, ½ gerezd
- Citromlé, ½ teáskanál
- Friss petrezselyem, 1 evőkanál, apróra vágva
- Szójaszósz, 1 evőkanál
- Extra szűz olívaolaj, 1 ek
- Őrölt fekete bors, ¼ tk
- Oregánó, ¼ tk

Javallatok:

Válasszunk ki egy sütőedényt, és adjunk hozzá minden hozzávalót, kivéve a tonhalat. Jól keverjük össze, majd adjuk hozzá a tonhalat a páchoz. Ezt a keveréket fél órára hűtőbe tesszük. Melegíts fel egy grillserpenyőt, és süsd meg a tonhalat mindkét oldalán 5 percig. Főzés után tálaljuk.

Táplálkozás (100 grammonként): 200 kalória 7,9 g zsír 0,3 g szénhidrát 10 g fehérje 734 mg nátrium

Ropogós laposhal

Elkészítési idő: 20 perc

Főzési idő: 15 perc

Adagok: 2

Nehézségi szint: könnyű

Hozzávalók:

- A tetejére petrezselyem
- Friss kapor, 2 evőkanál, apróra vágva
- Friss metélőhagyma, 2 evőkanál, apróra vágva
- Olívaolaj, 1 evőkanál
- Só és bors ízlés szerint
- Laposhal, filé, 6 oz
- Citromhéj, ½ teáskanál, finomra reszelve
- görög joghurt, 2 ek

Javallatok:

Melegítsük elő a sütőt 400 F-ra. Egy tepsit kibélelünk alufóliával. Tegyük az összes hozzávalót egy nagy tányérba, és pácoljuk be a filéket. Öblítse le és szárítsa meg a filét; majd betesszük a sütőbe és 15 percig sütjük.

Táplálkozás (100 grammonként): 273 kalória 7,2 g zsír 0,4 g szénhidrát 9 g fehérje 783 mg nátrium

Könnyű és finom tonhal

Elkészítési idő: 15 perc

Főzési idő: 10 perc

Adagok: 2

Nehézségi szint: könnyű

Hozzávalók:

- Tojás, ½
- Hagyma, 1 evőkanál, apróra vágva
- Zeller a tetejére
- Só és bors ízlés szerint
- Fokhagyma, 1 gerezd, darálva
- Tonhalkonzerv, 7 oz
- görög joghurt, 2 ek

Javallatok:

A tonhalat lecsepegtetjük, hozzáadjuk a tojást és a fokhagymás joghurtot, sózzuk, borsozzuk.

Egy tálban keverjük össze ezt a keveréket a hagymával, és formázzuk belőle húsgombócokat. Vegyünk egy nagy serpenyőt, és pirítsuk meg a húsgombócokat mindkét oldalukon 3 percig. Lecsepegtetjük és tálaljuk.

Táplálkozás (100 grammonként): 230 kalória 13 g zsír 0,8 g szénhidrát 10 g fehérje 866 mg nátrium

Kagyló O' Marina

Elkészítési idő: 20 perc

Főzési idő: 10 perc

Adagok: 2

Nehézségi szint: könnyű

Hozzávalók:

- Kagyló, mosott és hámozott, 1 lb
- Kókusztej, ½ csésze
- Cayenne bors, 1 tk
- Friss citromlé, 1 evőkanál
- Fokhagyma, 1 teáskanál, darált
- Koriander, frissen apróra vágva díszítéshez
- Barna cukor, 1 tk

Javallatok:

A kagyló kivételével az összes hozzávalót összekeverjük egy serpenyőben. A keveréket felmelegítjük és felforraljuk. Adjuk hozzá a kagylót és főzzük 10 percig. A felforralt folyadékkal egy edényben tálaljuk.

Táplálkozás (100 grammonként): 483 kalória 24,4 g zsír 21,6 g szénhidrát 1,2 g fehérje 499 mg nátrium

Lassan főtt mediterrán marhasült

Elkészítési idő: 10 perc

Főzési idő: 10 óra 10 perc

Adagok: 6

Nehézségi szint: közepes

Hozzávalók:

- 3 kiló sült tokmány, csont nélkül
- 2 teáskanál rozmaring
- ½ csésze paradicsom, napon szárítva és apróra vágva
- 10 gerezd reszelt fokhagyma
- ½ csésze marhahúsleves
- 2 evőkanál balzsamecet
- ¼ csésze apróra vágott olasz petrezselyem, friss
- ¼ csésze apróra vágott olajbogyó
- 1 teáskanál citromhéj
- ¼ csésze gríz sajt

Javallatok:

A lassú tűzhelybe helyezzük a fokhagymát, a szárított paradicsomot és a marhasültet. Adjuk hozzá a marhahúslevet és a rozmaringot. Zárja le az edényt, és lassan főzze 10 órán keresztül.

A főzés végeztével kivesszük a húst, és felaprítjuk. Távolítsa el a zsírt. Tegye vissza a felaprított marhahúst a lassú tűzhelybe, és párolja 10 percig. Egy kis tálban keverjük össze a citromhéjat, a petrezselymet és az olajbogyót. Hűtsük le a keveréket, amíg készen nem áll a tálalásra. A lehűtött keverékkel díszítjük.

Tálaljuk tészta vagy tojásos metélt mellé. Tetejét sajtdarával megkenjük.

Táplálkozás (100 grammonként): 314 kalória 19 g zsír 1 g szénhidrát 32 g fehérje 778 mg nátrium

Lassan főtt mediterrán marhahús articsókkal

Felkészülési idő: 3 óra 20 perc

Főzési idő: 7 óra 8 perc

Adagok: 6

Nehézségi szint: könnyű

Hozzávalók:

- 2 kg marhahús pörkölthöz
- 14 uncia articsóka szív
- 1 evőkanál szőlőmagolaj
- 1 kockára vágott hagyma
- 32 oz marhahúsleves
- 4 gerezd fokhagyma, lereszelve
- 14 ½ uncia paradicsomkonzerv, kockára vágva
- 15 dl paradicsomszósz
- 1 teáskanál szárított oregánó
- ½ csésze kimagozott és apróra vágott olajbogyó
- 1 teáskanál szárított petrezselyem
- 1 teáskanál szárított oregánó
- ½ teáskanál őrölt kömény
- 1 teáskanál szárított bazsalikom
- 1 babérlevél
- ½ teáskanál só

Javallatok:

Egy nagy, tapadásmentes serpenyőbe öntsünk egy csepp olajat, és melegítsük közepesen magas hőmérsékletre. Süssük a húst mindkét oldalán barnulásig. Tegye át a marhahúst egy lassú tűzhelyre.

Adjuk hozzá a marhahúslevet, a kockára vágott paradicsomot, a paradicsomszószt, sózzuk és keverjük össze. Öntsük hozzá a húslevest, a kockára vágott paradicsomot, az oregánót, az olajbogyót, a bazsalikomot, a petrezselymet, a babérlevelet és a köményt. Alaposan keverje össze a keveréket.

Zárja le és párolja 7 órán át. Tálaláskor dobd ki a babérlevelet. Forrón tálaljuk.

Táplálkozás (100 grammonként): 416 kalória 5 g zsír 14,1 g szénhidrát 29,9 g fehérje 811 mg nátrium

Lassan főtt sovány, mediterrán stílusú sült

Elkészítési idő: 30 perc

Főzési idő: 8 óra

Adagok: 10

Nehézségi szint: nehéz

Hozzávalók:

- 4 kiló pörkölt kerek szem
- 4 gerezd fokhagyma
- 2 teáskanál olívaolaj
- 1 teáskanál frissen őrölt fekete bors
- 1 csésze apróra vágott hagyma
- 4 sárgarépa, apróra vágva
- 2 teáskanál szárított rozmaring
- 2 szár zeller apróra vágva
- 28 uncia paradicsompüré a dobozban
- 1 csésze alacsony nátriumtartalmú marhahúsleves
- 1 csésze vörösbor
- 2 teáskanál sót

Javallatok:

A marhasültet sóval, fokhagymával és borssal ízesítjük, majd félretesszük. Öntsük az olajat egy tapadásmentes serpenyőbe, és melegítsük közepesen magas hőre. Tedd bele a húst, és süsd, amíg minden oldala megpirul. Most tegye át a marhasültet egy 6 literes lassú tűzhelyre. Adja hozzá a sárgarépát, a hagymát, a rozmaringot és a zellert a serpenyőbe. Addig főzzük, amíg a hagyma és a zöldségek megpuhulnak.

Ebbe a zöldségkeverékbe belekeverjük a paradicsomot és a bort. Adja hozzá a marhahúslevest és a paradicsomos keveréket a lassú tűzhelyhez a zöldségkeverékkel együtt. Lezárjuk, és lassú tűzön 8 órán át főzzük.

Ha megsült a hús, vegyük ki a lassú tűzhelyről, tegyük vágódeszkára, és csomagoljuk be alufóliába. A mártás sűrítéséhez tegyük át egy serpenyőbe, és lassú tűzön forraljuk, amíg el nem éri a kívánt állagot. Tálalás előtt dobja ki a zsírokat.

Táplálkozás (100 grammonként): 260 kalória 6 g zsír 8,7 g szénhidrát 37,6 g fehérje 588 mg nátrium

Slow Cooker Fasírt

Elkészítési idő: 10 perc

Főzési idő: 6 óra 10 perc

Adagok: 8

Nehézségi szint: közepes

Hozzávalók:

- 2 kiló őrölt bölény
- 1 reszelt cukkini
- 2 nagy tojás
- Szükség szerint olívaolajos főzőpermet
- 1 cukkini, felaprítva
- ½ csésze petrezselyem, frissen, apróra vágva
- ½ csésze parmezán, felaprítva
- 3 evőkanál balzsamecet
- 4 gerezd fokhagyma, lereszelve
- 2 evőkanál apróra vágott hagymát
- 1 evőkanál szárított oregánó
- ½ teáskanál őrölt fekete bors
- ½ teáskanál kóser só
- A töltelékhez:
- ¼ csésze reszelt mozzarella
- ¼ csésze cukormentes ketchup
- ¼ csésze friss apróra vágott petrezselyem

Javallatok:

Bélelje ki egy hat literes lassú tűzhely belsejét csíkokra alufóliával. Csorgass rá egy kevés tapadásmentes étolajat.

Egy nagy tálban keverje össze az őrölt bölényt vagy extra sovány őrölt hátszínt, cukkinit, tojást, petrezselymet, balzsamecetet, fokhagymát, szárított oregánót, tengeri vagy kóser sót, apróra vágott szárított hagymát és őrölt fekete borsot.

Helyezze ezt a keveréket a lassú tűzhelybe, és formázzon hosszúkás cipót. Fedjük le az edényt, tegyük lassú tűzre, és főzzük 6 órán át. Főzés után nyissa ki a tűzhelyet, és kenje meg a ketchupot az egész fasírttal.

Most helyezze a sajtot a ketchup tetejére új rétegként, és zárja le a lassú tűzhelyet. Hagyja a fasírtot ezen a két rétegen pihenni körülbelül 10 percig, vagy amíg a sajt el nem kezd olvadni. Friss petrezselyemmel és reszelt mozzarellával díszítjük.

Táplálkozás (100 grammonként): 320 kalória 2 g zsír 4 g szénhidrát 26 g fehérje 681 mg nátrium

Slow Cooker mediterrán marhahús

Elkészítési idő: 10 perc

Főzési idő: 13 óra

Adagok: 6

Nehézségi szint: közepes

Hozzávalók:

- 3 kiló zsírmentes marhasült
- ½ teáskanál hagymapor
- ½ teáskanál fekete bors
- 3 csésze alacsony nátriumtartalmú marhahúsleves
- 4 teáskanál salátaöntet keverék
- 1 babérlevél
- 1 evőkanál fokhagyma, darált
- 2 pirospaprika vékony csíkokra vágva
- 16 uncia chili
- 8 vékony szelet Provolone Sargento
- 2 uncia gluténmentes kenyér
- ½ teáskanál só
- <u>A szezonhoz:</u>
- 1 1/2 evőkanál hagymapor
- 1 és fél evőkanál fokhagymapor
- 2 evőkanál szárított petrezselyem
- 1 evőkanál stevia
- ½ teáskanál szárított kakukkfű

- 1 evőkanál szárított oregánó
- 2 evőkanál fekete bors
- 1 evőkanál sót
- 6 szelet sajt

Javallatok:

Papírtörlővel töröljük szárazra a sülteket. Egy kis tálban keverje össze a fekete borsot, a hagymaport és a sót, és dörzsölje a keveréket a sültre. Tegye a fűszerezett sültet lassú tűzhelybe.

Adja hozzá az alaplevet, a salátaöntetet, a babérlevelet és a fokhagymát a lassú tűzhelyhez. Finoman egyesítse. Zárja le, és állítsa be a főzési fokozatot 12 órán keresztül. Főzés után távolítsa el a babérlevelet.

A megsült húst kivesszük, a húst felaprítjuk. Tedd vissza a feldarabolt húst és add hozzá a paprikát és. Adja hozzá a kaliforniai paprikát és a chilit a lassú tűzhelyhez. Fedjük le a tűzhelyet, és lassú tűzön főzzük 1 órán át. Tálalás előtt vonjon be minden cipót 3 uncia húskeverékkel. A tetejét megkenjük egy szelet sajttal. A folyékony mártást szószként használhatjuk.

Táplálkozás (100 grammonként): 442 kalória 11,5 g zsír 37 g szénhidrát 49 g fehérje 735 mg nátrium

Mediterrán sertéssült

Elkészítési idő: 10 perc

Főzési idő: 8 óra 10 perc
Adagok: 6
Nehézségi szint: közepes

Hozzávalók:

- 2 evőkanál olívaolaj
- 2 kiló sertéssült
- ½ teáskanál paprika
- ¾ csésze csirkehúsleves
- 2 teáskanál szárított zsálya
- ½ evőkanál darált fokhagyma
- ¼ teáskanál szárított majoránna
- ¼ teáskanál szárított rozmaring
- 1 teáskanál oregánó
- ¼ teáskanál szárított kakukkfű
- 1 teáskanál bazsalikom
- ¼ teáskanál kóser só

Javallatok:

Egy kis tálban keverjük össze a húslevest, az olajat, a sót és a fűszereket. Egy serpenyőbe öntjük az olívaolajat, és közepes-magas hőre melegítjük. Beletesszük a sertéshúst, és minden oldalát aranybarnára sütjük.

Főzés után vegyük ki a sertéshúst, és egy késsel szúrjuk meg a sülteket. Helyezze a sertéssültet egy 6 literes edénybe. Most öntse a kis tálka keverékéből a folyadékot az egész sültre.

Zárja le az edényt, és lassú tűzön főzze 8 órán át. Főzés után vágódeszkára szedjük ki az edényből, és szeleteljük fel. Ezután adjuk hozzá a felaprított sertéshúst az edénybe. Pároljuk további 10 percig. Feta sajt, pita kenyér és paradicsom mellé tálaljuk.

Táplálkozás (100 grammonként): 361 kalória 10,4 g zsír 0,7 g szénhidrát 43,8 g fehérje 980 mg nátrium

Marhahús pizza

Elkészítési idő: 20 perc

Főzési idő: 50 perc

Adagok: 10

Nehézségi szint: nehéz

Hozzávalók:

- A kéreghez:
- 3 csésze univerzális liszt
- 1 evőkanál cukor
- 2¼ teáskanál aktív száraz élesztő
- 1 teáskanál sót
- 2 evőkanál olívaolaj
- 1 csésze meleg víz
- Díszítéshez:
- 1 kiló darált marhahús
- 1 közepes hagyma, apróra vágva
- 2 evőkanál paradicsompüré
- 1 evőkanál őrölt kömény
- Só és őrölt fekete bors, ízlés szerint
- ¼ csésze víz
- 1 csésze friss spenót, apróra vágva
- 8 uncia articsóka szív, negyedekre vágva
- 4 uncia friss gomba, szeletelve

- 2 paradicsom, apróra vágva
- 4 uncia feta sajt, morzsolva

Javallatok:

A kéreghez:

A lisztet, a cukrot, a sütőport és a sót állványmixerrel keverjük össze a tésztafogó segítségével. Adjunk hozzá 2 evőkanál olajat és meleg vizet, és gyúrjuk addig, amíg sima és rugalmas tésztát nem kapunk.

A tésztából golyót formálunk, és kb 15 percre félretesszük.

A tésztát enyhén lisztezett felületre helyezzük, és kör alakúra nyújtjuk. Helyezze a tésztát egy enyhén kivajazott kerek tepsibe, és finoman nyomja meg, hogy illeszkedjen. Tedd félre kb 10-15 percre. A héjat meglocsoljuk kevés olajjal. Melegítsük elő a sütőt 400 F fokra.

Díszítéshez:

Süssük a marhahúst egy tapadásmentes serpenyőben közepesen magas lángon körülbelül 4-5 percig. Adjuk hozzá a hagymát, és főzzük körülbelül 5 percig, gyakran kevergetve. Adjuk hozzá a paradicsompürét, a köményt, a sót, a fekete borsot és a vizet, és keverjük össze.

Állítsuk a hőt közepesre, és főzzük körülbelül 5-10 percig. Levesszük a tűzről és félretesszük. Helyezze a marhahús keverékét a pizza héjára, és tegye rá a spenótot, majd az articsókát, a gombát, a paradicsomot és a fetát.

Addig főzzük, amíg a sajt elolvad. Vegyük ki a sütőből, és szeletelés előtt tegyük félre körülbelül 3-5 percig. Tetszőleges méretű szeletekre vágjuk és tálaljuk.

Táplálkozás (100 grammonként): 309 kalória 8,7 g zsír 3,7 g szénhidrát 3,3 g fehérje 732 mg nátrium

Marha és bulgur húsgombóc

Elkészítési idő: 20 perc

Főzési idő: 28 perc

Adagok: 6

Nehézségi szint: közepes

Hozzávalók:

- ¾ csésze nyers bulgur
- 1 kiló darált marhahús
- ¼ csésze medvehagyma, darálva
- ¼ csésze friss petrezselyem, apróra vágva
- ½ teáskanál őrölt szegfűbors
- ½ teáskanál őrölt kömény
- ½ teáskanál őrölt fahéj
- ¼ teáskanál pirospaprika pehely, törve
- Só, épp elég
- 1 evőkanál olívaolaj

Javallatok:

Egy nagy tál hideg vízben áztassa a bulgurt körülbelül 30 percig. A bulgurt jól csepegtessük le, majd kézzel nyomkodjuk össze, hogy eltávolítsuk a felesleges vizet. Aprítógépben adjuk hozzá a bulgurt, a marhahúst, a medvehagymát, a petrezselymet, a fűszereket, a sót és a hüvelyeseket, amíg el nem keveredik.

Helyezze a keveréket egy tálba, és tegye a hűtőszekrénybe, lefedve, körülbelül 30 percre. Kivesszük a hűtőből, és a marhahúsból egyforma méretű pogácsákat formázunk. Egy nagy, tapadásmentes serpenyőben hevítsük fel az olajat közepesen magas lángon, és süssük meg a húsgombócokat 2 részletben körülbelül 13-14 percig, gyakran forgatva. Forrón tálaljuk.

Táplálkozás (100 grammonként): 228 kalória 7,4 g zsír 0,1 g szénhidrát 3,5 g fehérje 766 mg nátrium

Ízletes marhahús és brokkoli

Elkészítési idő: 10 perc

Főzési idő: 15 perc

Adagok: 4

Nehézségi szint: könnyű

Hozzávalók:

- 1 és 1/2 font. oldalszelet
- 1 evőkanál. olivaolaj
- 1 evőkanál. tamari szósz
- 1 csésze marhahúsleves
- 1 kiló brokkoli, a virágokat szétválasztva

Javallatok:

Keverjük össze a steak csíkokat az olajjal és a tamarival, keverjük össze, és tegyük félre 10 percre. Válassza ki az Instant Pot to saute módot, helyezze rá a marhahús csíkokat, és pirítsa 4 percig mindkét oldalát. Keverjük hozzá a húslevest, fedjük le ismét az edényt, és főzzük nagy lángon 8 percig. Belekeverjük a brokkolit, lefedjük, és nagy lángon további 4 percig főzzük. Mindent adagoljunk a tányérok közé, és tálaljuk. Élvezd!

Táplálkozás (100 grammonként): 312 kalória 5 g zsír 20 g szénhidrát 4 g fehérje 694 mg nátrium

Marha Kukorica Chili

Elkészítési idő: 8-10 perc

Főzési idő: 30 perc

Adagok: 8

Nehézségi szint: közepes

Hozzávalók:

- 2 kis hagyma, apróra vágva
- ¼ csésze konzerv kukorica
- 1 evőkanál olaj
- 10 oz sovány darált marhahús
- 2 kis chili, felkockázva

Javallatok:

Kapcsolja be az Instant Potot. Kattintson a „SAUTE" gombra. Öntsük bele az olajat, majd keverjük bele a hagymát, a pirospaprikát és a marhahúst; addig főzzük, amíg áttetsző és megpuhul. Öntsön 3 csésze vizet az edénybe; jól összekeverni.

Zárja le a fedelet. Válassza ki a "HÚS / PÁRKÁS" lehetőséget. Állítsa az időzítőt 20 percre. Hagyja főni, amíg az időzítő vissza nem áll.

Kattintson a „CANCEL" (MÉGSEM) majd az „NPR" gombra a természetes felszabadulási nyomás eléréséhez körülbelül 8-10 percig. Nyissa ki, majd helyezze a pirofilt a tálalótányérokra. Szolgál.

Táplálkozás (100 grammonként):94 kalória 5 g zsír 2 g szénhidrát 7 g fehérje 477 mg nátrium

Balzsames marhahús étel

Elkészítési idő: 5 perc

Főzési idő: 55 perc

Adagok: 8

Nehézségi szint: közepes

Hozzávalók:

- 3 kiló sült tokmány
- 3 gerezd fokhagyma, vékony szeletekre vágva
- 1 evőkanál olaj
- 1 teáskanál ízesített ecet
- ½ teáskanál bors
- ½ teáskanál rozmaring
- 1 evőkanál vaj
- ½ teáskanál kakukkfű
- ¼ csésze balzsamecet
- 1 csésze marhahúsleves

Javallatok:

Szeletelje fel a sült szeleteket, és töltse meg a fokhagymagerezdeket. Keverjük össze az ízesített ecetet, a rozmaringot, a borsot, a kakukkfüvet és dörzsöljük bele a sült keverékbe. Válassza ki az edényt a párolási módba, és keverje össze az olajjal, hagyja felmelegedni. A sült mindkét oldalát megsütjük.

Vedd ki és tedd félre. Keverjük össze a vajat, a húslevest, a balzsamecetet és öntsük le az edényt. Tegye vissza a sülteket, zárja le a fedőt, majd 40 percig főzze MAGAS nyomáson.

Hajtson végre egy gyors kioldást. Szolgál!

Táplálkozás (100 grammonként): 393 kalória 15 g zsír 25 g szénhidrát 37 g fehérje 870 mg nátrium

Marhasült szójaszósszal

Elkészítési idő: 8 perc
Főzési idő: 35 perc
Adagok: 2-3
Nehézségi szint: közepes

Hozzávalók:

- ½ teáskanál marhahúsleves
- 1 ½ teáskanál rozmaring
- ½ teáskanál darált fokhagyma
- 2 kiló marhasült
- 1/3 csésze szójaszósz

Javallatok:

Keverje össze a szójaszószt, a húslevest, a rozmaringot és a fokhagymát egy keverőtálban.

Töltsd fel az instant potot. Helyezze a sültet, és öntse fel annyi vízzel, hogy ellepje; óvatosan keverjük, hogy jól elkeveredjen. Jól zárjuk le.

Kattintson a "HÚS / PÁROLT" főzési funkcióra; állítsa a nyomásszintet "HIGH"-ra, és állítsa be a főzési időt 35 percre. Hagyja nőni a nyomást az összetevők főzéséhez. Ha végzett, kattintson a "MÉGSEM" beállításra, majd kattintson az "NPR" főzési funkcióra a nyomás természetes feloldásához.

Fokozatosan nyissa ki a fedelet, és vágja fel a húst. A darált húst visszaforgatjuk a cserepes keverékbe, és jól összedolgozzuk. Tedd tálalóedényekbe. Forrón tálaljuk.

Táplálkozás (100 grammonként): 423 kalória 14 g zsír 12 g szénhidrát 21 g fehérje 884 mg nátrium

Marhasült rozmaringgal

Elkészítési idő: 5 perc

Főzési idő: 45 perc

Adagok: 5-6

Nehézségi szint: közepes

Hozzávalók:

- 3 kiló marhasült
- 3 gerezd fokhagyma
- ¼ csésze balzsamecet
- 1 szál friss rozmaring
- 1 szál friss kakukkfű
- 1 csésze víz
- 1 evőkanál növényi olaj
- Só és bors ízlés szerint

Javallatok:

A szeleteket a marhasültbe vágjuk, és rárakjuk a fokhagymagerezdeket. Dörzsölje be a sült fűszernövényekkel, fekete borssal és sóval. Melegítse elő az Instant Pot-ot a párolási fokozatban, és öntse bele az olajat. Miután felforrósodott, hozzáadjuk a marhasültet, és a serpenyőben minden oldalról barnára sütjük. Adja hozzá a többi összetevőt; óvatosan keverjük össze.

Szorosan zárja le, és nagy lángon főzze 40 percig kézi beállítással. Hagyja a nyomást természetes módon felengedni, körülbelül 10 percig. Fedjük le és helyezzük el a marhasültet a tányérokon, szeleteljük fel és tálaljuk.

Táplálkozás (100 grammonként): 542 kalória 11,2 g zsír 8,7 g szénhidrát 55,2 g fehérje 710 mg nátrium

Sertésborda és paradicsomszósz

Elkészítési idő: 10 perc

Főzési idő: 20 perc

Adagok: 4

Nehézségi szint: könnyű

Hozzávalók:

- 4 sertésszelet, csont nélkül
- 1 evőkanál szójaszósz
- ¼ teáskanál szezámolaj
- 1 1/2 csésze paradicsompüré
- 1 sárga hagyma
- 8 gomba, szeletelve

Javallatok:

Egy tálban keverjük össze a sertésbordát a szójaszósszal és a szezámolajjal, keverjük össze és tegyük félre 10 percre. Állítsd az Instant Pot-ot pirítás módba, add hozzá a sertésszeleteket, és pirítsd 5 percig mindkét oldalát. Belekeverjük a hagymát, és további 1-2 percig főzzük. Adjuk hozzá a paradicsompürét és a gombát, keverjük össze, fedjük le és főzzük nagy lángon 8-9 percig. Mindent szétosztunk a tányérok között, és tálaljuk. Élvezd!

Táplálkozás (100 grammonként): 300 kalória 7 g zsír 18 g szénhidrát 4 g fehérje 801 mg nátrium

Csirke kapribogyómártással

Elkészítési idő: 10 perc

Főzési idő: 18 perc

Adagok: 5

Nehézségi szint: nehéz

Hozzávalók:

- A csirkéhez:
- 2 tojás
- Só és őrölt fekete bors, ízlés szerint
- 1 csésze száraz zsemlemorzsa
- 2 evőkanál olívaolaj
- 1 1/2 font kicsontozott, bőr nélküli csirkemell félbevágva, 3/4 hüvelyk vastagságúra feltörve és kockákra vágva
- A kapribogyó szószhoz:
- 3 evőkanál kapribogyó
- ½ pohár száraz fehérbor
- 3 evőkanál friss citromlé
- Só és őrölt fekete bors, ízlés szerint
- 2 evőkanál apróra vágott friss petrezselyem

Javallatok:

A csirkéhez: Egy sekély tepsibe adjuk hozzá a tojást, sózzuk és fekete borsot, és keverjük össze. Egy másik sekély edénybe helyezzük a zsemlemorzsát. A csirkedarabokat mártsuk a tojásos keverékbe, és egyenletesen kenjük be a zsemlemorzsába. Rázzuk le a felesleges zsemlemorzsát.

Főzzük fel az olajat közepes lángon, és süssük a csirkedarabokat oldalanként körülbelül 5-7 percig, vagy amíg a kívánt kész nem lesz. Szürett kanál segítségével papírtörlővel bélelt tányérra rendezzük a csirkedarabokat. Egy darab alufóliával letakarjuk a csirkedarabokat, hogy melegen tartsák.

Ugyanabba a serpenyőbe tegyük bele a szósz összes hozzávalóját, kivéve a petrezselymet, és főzzük kb. 2-3 percig folyamatos keverés mellett. Belekeverjük a petrezselymet és levesszük a tűzről. A csirkedarabokat kapribogyómártással tálaljuk.

Táplálkozás (100 grammonként): 352 kalória 13,5 g zsír 1,9 g szénhidrát 1,2 g fehérje 741 mg nátrium

Pulyka burger mangó salsával

Elkészítési idő: 15 perc

Főzési idő: 10 perc

Adagok: 6

Nehézségi szint: könnyű

Hozzávalók:

- 1 1/2 kiló őrölt pulykamell
- 1 teáskanál tengeri só, osztva
- ¼ teáskanál frissen őrölt fekete bors
- 2 evőkanál extra szűz olívaolaj
- 2 mangó meghámozva, kimagozva és felkockázva
- ½ vöröshagyma, apróra vágva
- 1 lime leve
- 1 gerezd fokhagyma, felaprítva
- ½ jalapeño bors, kimagozva és apróra vágva
- 2 evőkanál apróra vágott friss korianderlevél

Javallatok:

A pulykamellből 4 pogácsát formázunk, és 1/2 teáskanál tengeri sóval és borssal ízesítjük. Az olívaolajat egy tapadásmentes serpenyőben addig főzzük, amíg megpuhul. Hozzáadjuk a pulyka húsgombócokat, és oldalanként kb. 5 percig pirítjuk. Amíg a húsgombóc sül, keverje össze a mangót, a lilahagymát, a lime levét, a fokhagymát, a jalapenót, a koriandert és a maradék 1/2 teáskanál tengeri sót egy kis tálban. Öntsük a szószt a pulykafasírtokra, és tálaljuk.

Táplálkozás (100 grammonként): 384 kalória 3 g zsír 27 g szénhidrát 34 g fehérje 692 mg nátrium

Sült pulykamell gyógynövényekkel

Elkészítési idő: 15 perc

Főzési idő: másfél óra (plusz 20 perc pihenés)

Adagok: 6

Nehézségi szint: közepes

Hozzávalók:

- 2 evőkanál extra szűz olívaolaj
- 4 gerezd fokhagyma, felaprítva
- 1 citrom héja
- 1 evőkanál apróra vágott friss kakukkfű levél
- 1 evőkanál apróra vágott friss rozmaringlevél
- 2 evőkanál apróra vágott friss olasz petrezselyemlevél
- 1 teáskanál őrölt mustár
- 1 teáskanál tengeri só
- ¼ teáskanál frissen őrölt fekete bors
- 1 (6 font) csontos, bőrös pulykamell
- 1 csésze száraz fehérbor

Javallatok:

Melegítse elő a sütőt 325° F-ra. Keverje össze az olívaolajat, a fokhagymát, a citromhéjat, a kakukkfüvet, a rozmaringot, a petrezselymet, a mustárt, a tengeri sót és a borsot. A gyógynövénykeveréket egyenletesen ecsetelje a pulykamell felületére, lazítsa meg a bőrt, és dörzsölje le alatta is. Tegye a pulykamellet egy sütőedénybe egy rácsra, bőrével felfelé.

Öntsük a bort a serpenyőbe. Süssük 1-1 1/2 óráig, amíg a pulyka el nem éri a 165 F-os belső hőmérsékletet. Vegyük ki a sütőből, és 20 percre külön állítsuk be, alufóliába csomagolva, hogy melegen tartsa, mielőtt faragnánk.

Táplálkozás (100 grammonként):392 kalória 1 g zsír 2 g szénhidrát 84 g fehérje 741 mg nátrium

Csirke és pepperoni kolbász

Elkészítési idő: 10 perc

Főzési idő: 20 perc

Adagok: 6

Nehézségi szint: közepes

Hozzávalók:

- 2 evőkanál extra szűz olívaolaj
- 6 olasz csirke kolbász
- 1 hagyma
- 1 piros paprika
- 1 zöldpaprika
- 3 gerezd fokhagyma, felaprítva
- ½ pohár száraz fehérbor
- ½ teáskanál tengeri só
- ¼ teáskanál frissen őrölt fekete bors
- Csípje meg a pirospaprika pelyhet

Javallatok:

Forraljuk fel az olívaolajat egy nagy serpenyőben, amíg megpuhul. Hozzáadjuk a kolbászt, és 5-7 percig főzzük, időnként megforgatva, amíg megbarnul, és a belső hőmérséklet eléri az 50°C-ot.

Csipesszel vegyük ki a kolbászt a serpenyőből, és tegyük félre egy tálra, alufóliával nyújtsuk ki, hogy melegen tartsa. .

Tegye vissza a serpenyőt a tűzre, és adja hozzá a hagymát, a piros kaliforniai paprikát és a zöld kaliforniai paprikát. Főzzük és időnként keverjük meg, amíg a zöldségek barnulni kezdenek. Adjuk hozzá a fokhagymát és főzzük 30 másodpercig folyamatos keverés mellett.

Hozzákeverjük a bort, a tengeri sót, a borsot és a pirospaprika pelyhet. Vegyük ki és hajtsuk bele a megpirult darabokat a serpenyő aljáról. Pároljuk még körülbelül 4 percig keverés közben, amíg a folyadék mennyisége felére csökken. A paprikát rákenjük a kolbászokra és tálaljuk.

Táplálkozás (100 grammonként):173 kalória 1 g zsír 6 g szénhidrát 22 g fehérje 582 mg nátrium

Piccata csirke

Elkészítési idő: 10 perc

Főzési idő: 15 perc

Adagok: 6

Nehézségi szint: közepes

Hozzávalók:

- ½ csésze teljes kiőrlésű liszt
- ½ teáskanál tengeri só
- 1/8 teáskanál frissen őrölt fekete bors
- 1 1/2 kiló csirkemell, 6 darabra vágva
- 3 evőkanál extra szűz olívaolaj
- 1 csésze sózatlan csirkehúsleves
- ½ pohár száraz fehérbor
- 1 citrom leve
- 1 citrom héja
- ¼ csésze kapribogyó, lecsepegtetjük és leöblítjük
- ¼ csésze apróra vágott friss petrezselyem

Javallatok:

Egy mély tálban keverjük össze a lisztet, a tengeri sót és a borsot. Lisztezzük a csirkét, és vágjuk le a felesleget. Addig főzzük az olívaolajat, amíg megpirul.

Helyezze rá a csirkét, és süsse oldalanként körülbelül 4 percig, amíg megpirul. Vegye ki a csirkét a serpenyőből, és tegye félre, alufóliával letakarva, hogy melegen tartsa.

Tegye vissza a serpenyőt a tűzre, és adja hozzá a húslevest, a bort, a citromlevet, a citromhéjat és a kapribogyót. Használja egy kanál oldalát, és hajtsa bele a megpirult darabokat a serpenyő aljáról. Addig pároljuk, amíg a folyadék besűrűsödik. Vegyük le a serpenyőt a tűzről, és tegyük vissza a csirkét a serpenyőbe. Forduljon kabáthoz. Adjuk hozzá a petrezselymet és tálaljuk.

Táplálkozás (100 grammonként): 153 kalória 2 g zsír 9 g szénhidrát 8 g fehérje 692 mg nátrium

Toszkán Csirke Serpenyőben

Elkészítési idő: 10 perc

Főzési idő: 25 perc

Adagok: 6

Nehézségi szint: nehéz

Hozzávalók:

- ¼ csésze extra szűz olívaolaj, osztva
- 1 kiló csont nélküli, bőr nélküli csirkemell, centis darabokra vágva
- 1 hagyma, apróra vágva
- 1 pirospaprika, apróra vágva
- 3 gerezd fokhagyma, felaprítva
- ½ pohár száraz fehérbor
- 1 (14 uncia) doboz zúzott paradicsom, lecsepegtetés nélkül
- 1 (14 oz) doboz apróra vágott paradicsom, lecsepegtetve
- 1 (14 oz) doboz fehér vesebab, lecsepegtetve
- 1 evőkanál szárított olasz fűszer
- ½ teáskanál tengeri só
- 1/8 teáskanál frissen őrölt fekete bors
- 1/8 teáskanál pirospaprika pehely
- ¼ csésze apróra vágott friss bazsalikomlevél

Javallatok:

Főzzünk 2 evőkanál olívaolajat, amíg meg nem csillogó. Belekeverjük a csirkét, és barnára sütjük. Vegye ki a csirkét a serpenyőből, és tegye félre alufóliával bélelt tálra, hogy melegen tartsa.

Tegye vissza a serpenyőt a tűzre, és melegítse fel a maradék olívaolajat. Adjuk hozzá a hagymát és a pirospaprikát. Főzzük és ritkán keverjük, amíg a zöldségek megpuhulnak. Tedd bele a fokhagymát és főzd 30 másodpercig folyamatos keverés mellett.

Keverje hozzá a bort, és a kanál oldalával kaparja le a megbarnult darabokat a serpenyő aljáról. 1 percig főzzük, kevergetve.

Hozzákeverjük a pépesített és apróra vágott paradicsomot, a fehér vesebabot, az olasz fűszereket, a tengeri sót, a borsot és a pirospaprika pelyhet. Hagyjuk párolódni. 5 percig főzzük, időnként megkeverve.

Tegye vissza a csirkét és az összegyűjtött mártást a serpenyőbe. Addig főzzük, amíg a csirke megpuhul. Tálalás előtt vegyük le a tűzről, és keverjük hozzá a bazsalikomot.

Táplálkozás (100 grammonként): 271 kalória 8 g zsír 29 g szénhidrát 14 g fehérje 596 mg nátrium

Kapama csirke

Elkészítési idő: 10 perc

Főzési idő: 2 óra

Adagok: 4

Nehézségi szint: közepes

Hozzávalók:

- 1 (32 uncia) doboz apróra vágott paradicsom, lecsepegtetve
- ¼ csésze száraz fehérbor
- 2 evőkanál paradicsompüré
- 3 evőkanál extra szűz olívaolaj
- ¼ teáskanál pirospaprika pehely
- 1 teáskanál őrölt szegfűbors
- ½ teáskanál szárított oregánó
- 2 egész szegfűszeg
- 1 fahéjrúd
- ½ teáskanál tengeri só
- 1/8 teáskanál frissen őrölt fekete bors
- 4 csont nélküli, bőr nélküli csirkemell fél

Javallatok:

Keverje össze a paradicsomot, a bort, a paradicsompürét, az olívaolajat, a pirospaprika pelyhet, a szegfűborsot, az oregánót, a szegfűszeget, a fahéjrudat, a tengeri sót és a borsot egy tágas serpenyőben. Időnként megkeverve felforraljuk. Hagyja 30 percig főni, időnként megkeverve. Vegye ki és dobja ki az egész szegfűszeget és a fahéjrudat a szószból, és hagyja kihűlni.

Melegítsük elő a sütőt 350 °F-ra. Helyezzük a csirkét 9 x 13 hüvelykes tepsibe. Öntsük a szószt a csirkére, és fedjük le a serpenyőt alufóliával. Folytassa a főzést, amíg a belső hőmérséklet el nem éri a 165 °F-ot.

Táplálkozás (100 grammonként): 220 kalória 3 g zsír 11 g szénhidrát 8 g fehérje 923 mg nátrium

Spenóttal és fetasajttal töltött csirkemell

Elkészítési idő: 10 perc

Főzési idő: 45 perc

Adagok: 4

Nehézségi szint: közepes

Hozzávalók:

- 2 evőkanál extra szűz olívaolaj
- 1 font friss bébispenót
- 3 gerezd fokhagyma, felaprítva
- 1 citrom héja
- ½ teáskanál tengeri só
- 1/8 teáskanál frissen őrölt fekete bors
- ½ csésze morzsolt feta sajt
- 4 csont nélküli, bőr nélküli csirkemell

Javallatok:

Melegítse elő a sütőt 350 ° F-ra. Cook olívaolajat közepes lángon, amíg csillogó. Adjuk hozzá a spenótot. Folytassa a főzést, és addig keverje, amíg megpuhul.

Keverje hozzá a fokhagymát, a citromhéjat, a tengeri sót és a borsot. 30 másodpercig főzzük állandó keverés mellett. Hagyjuk kicsit hűlni, és keverjük hozzá a sajtot.

A spenót-sajtos keveréket egyenletes rétegben a csirkedarabokra kenjük, a melleket pedig a töltelék köré tekerjük. Fogpiszkálóval vagy hentes zsineggel zárva tartandó. Helyezze a mellet egy 9x13 hüvelykes tepsibe, és süsse 30-40 percig, vagy amíg a csirke belső hőmérséklete 165 ° F. Szeletelés és tálalás előtt vegye ki a sütőből, és tegye félre 5 percre.

Táplálkozás (100 grammonként): 263 kalória 3 g zsír 7 g szénhidrát 17 g fehérje 639 mg nátrium

Sült csirkecomb rozmaringgal

Elkészítési idő: 5 perc

Főzési idő: 1 óra

Adagok: 6

Nehézségi szint: könnyű

Hozzávalók:

- 2 evőkanál apróra vágott friss rozmaringlevél
- 1 teáskanál fokhagyma por
- ½ teáskanál tengeri só
- 1/8 teáskanál frissen őrölt fekete bors
- 1 citrom héja
- 12 csirkecomb

Javallatok:

Melegítsd elő a sütőt 350° F. Keverd hozzá a rozmaringot, a fokhagymaport, a tengeri sót, a borsot és a citromhéjat.

Helyezze a combokat egy 9x13 hüvelykes tepsibe, és szórja meg a rozmaringos keverékkel. Addig főzzük, amíg a csirke belső hőmérséklete eléri az 50°C-ot.

Táplálkozás (100 grammonként): 163 kalória 1 g zsír 2 g szénhidrát 26 g fehérje 633 mg nátrium

Csirke hagymával, burgonyával, fügével és sárgarépával

Elkészítési idő: 5 perc

Főzési idő: 45 perc

Adagok: 4

Nehézségi szint: közepes

Hozzávalók:

- 2 csésze burgonya felezve
- 4 friss füge negyedekre vágva
- 2 sárgarépa julienne csíkokra vágva
- 2 evőkanál extra szűz olívaolaj
- 1 teáskanál tengeri só, osztva
- ¼ teáskanál frissen őrölt fekete bors
- 4 csirkecomb negyed
- 2 evőkanál apróra vágott friss petrezselyemlevél

Javallatok:

Melegítsd elő a sütőt 425 °F-ra. Egy kis tálban dobd meg a burgonyát, a fügét és a sárgarépát az olívaolajjal, ½ teáskanál tengeri sóval és a borssal. Oszd el egy 9x13 hüvelykes tepsiben.

Ízesítsük a csirkét a maradék tengeri sóval. Tedd a zöldségek tetejére. Addig főzzük, amíg a zöldségek megpuhulnak és a csirke belső hőmérséklete eléri az 50°C-ot.. Megszórjuk petrezselyemmel, és tálaljuk.

Táplálkozás (100 grammonként): 429 kalória 4 g zsír 27 g szénhidrát 52 g fehérje 581 mg nátrium

Csirke és Tzatziki

Elkészítési idő: 15 perc

Főzési idő: 1 óra 20 perc

Adagok: 6

Nehézségi szint: közepes

Hozzávalók:

- 1 kg darált csirkemell
- 1 reszelt vöröshagyma a felesleges vízzel kinyomkodva
- 2 evőkanál szárított rozmaring
- 1 evőkanál szárított majoránna
- 6 gerezd fokhagyma, felaprítva
- ½ teáskanál tengeri só
- ¼ teáskanál frissen őrölt fekete bors
- Görög Tzatziki szósz

Javallatok:

Melegítsük elő a sütőt 350 °F-ra. A csirkét, a hagymát, a rozmaringot, a majoránnát, a fokhagymát, a tengeri sót és a borsot aprítógéppel összekeverjük. Addig turmixoljuk, amíg paszta nem lesz. Alternatív megoldásként keverje össze ezeket az összetevőket egy tálban, amíg jól össze nem keveredik (lásd az elkészítési tippet).

Nyomja a keveréket egy serpenyőbe. Addig sütjük, amíg el nem éri a 165 fokos belső hőmérsékletet. Vegyük ki a sütőből, és szeletelés előtt 20 percig pihentetjük.

Szeleteljük fel a gyrot és öntsük rá a tzatziki szósszal.

Táplálkozás (100 grammonként): 289 kalória 1 g zsír 20 g szénhidrát 50 g fehérje 622 mg nátrium

moussaka

Elkészítési idő: 10 perc

Főzési idő: 45 perc

Adagok: 8

Nehézségi szint: nehéz

Hozzávalók:

- 5 evőkanál extra szűz olívaolaj, osztva
- 1 padlizsán, szeletelve (bőrrel)
- 1 hagyma, apróra vágva
- 1 zöldpaprika kimagozva és apróra vágva
- 1 kiló őrölt pulyka
- 3 gerezd fokhagyma, felaprítva
- 2 evőkanál paradicsompüré
- 1 (14 oz) doboz apróra vágott paradicsom, lecsepegtetve
- 1 evőkanál olasz fűszer
- 2 teáskanál Worcestershire szósz
- 1 teáskanál szárított oregánó
- ½ teáskanál őrölt fahéj
- 1 csésze cukrozatlan zsírmentes görög joghurt
- 1 tojás, felvert
- ¼ teáskanál frissen őrölt fekete bors
- ¼ teáskanál őrölt szerecsendió
- ¼ csésze reszelt parmezán
- 2 evőkanál apróra vágott friss petrezselyemlevél

Javallatok:

Melegítsd elő a sütőt 400 °F-ra. 3 evőkanál olívaolajat süss addig, amíg megcsillan. Hozzáadjuk a felszeletelt padlizsánt, és mindkét oldalát 3-4 percig pirítjuk. Papírtörlőre szedjük lecsepegni.

Tegyük vissza a serpenyőt a tűzre, és öntsük bele a maradék 2 evőkanál olívaolajat. Adjuk hozzá a hagymát és a zöldpaprikát. Addig főzzük, amíg a zöldségek megpuhulnak. Kivesszük a serpenyőből és félretesszük.

Vegyük a serpenyőt a tűzre, és adjuk hozzá a pulykát. Körülbelül 5 percig főzzük, kanállal morzsolva aranybarnára. Hozzákeverjük a fokhagymát, és állandó keverés mellett 30 másodpercig főzzük.

Keverje hozzá a paradicsompürét, a paradicsomot, az olasz fűszereket, a Worcestershire szószt, az oregánót és a fahéjat. Tegye vissza a hagymát és a kaliforniai paprikát a serpenyőbe. 5 percig főzzük, kevergetve. Keverjük össze a joghurtot, a tojást, a borsot, a szerecsendiót és a sajtot.

A húskeverék felét egy 9x13 hüvelykes tepsibe helyezzük. Elrendezzük a padlizsán felével. Hozzáadjuk a maradék húskeveréket és a maradék padlizsánt. Megkenjük a joghurtos keverékkel. Addig főzzük, amíg meg nem pirul. Díszítsük petrezselyemmel és tálaljuk.

Táplálkozás (100 grammonként): 338 kalória 5 g zsír 16 g szénhidrát 28 g fehérje 569 mg nátrium

Dijoni sertés szűzpecsenye fűszernövényekkel

Elkészítési idő: 10 perc

Főzési idő: 30 perc

Adagok: 6

Nehézségi szint: közepes

Hozzávalók:

- ½ csésze friss olasz petrezselyemlevél apróra vágva
- 3 evőkanál friss rozmaringlevél apróra vágva
- 3 evőkanál friss kakukkfű levél apróra vágva
- 3 evőkanál dijoni mustár
- 1 evőkanál extra szűz olívaolaj
- 4 gerezd fokhagyma, felaprítva
- ½ teáskanál tengeri só
- ¼ teáskanál frissen őrölt fekete bors
- 1 sertés szűzpecsenye (1 ½ font)

Javallatok:

Melegítsük elő a sütőt 400 F. Keverjük össze a petrezselymet, rozmaringot, kakukkfüvet, mustárt, olívaolajat, fokhagymát, tengeri sót és borsot. Körülbelül 30 másodpercig turmixoljuk, amíg sima nem lesz. A keveréket egyenletesen elosztjuk a sertéshússal, és egy peremes tepsire tesszük.

Addig főzzük, amíg a hús el nem éri a 140° F belső hőmérsékletet. Szeletelés és tálalás előtt vegyük ki a sütőből, és tegyük félre 10 percig.

Táplálkozás (100 grammonként): 393 kalória 3 g zsír 5 g szénhidrát 74 g fehérje 697 mg nátrium

Steak gombamártással és vörösborral

Felkészülési idő: perc plusz 8 óra pácolásra

Főzési idő: 20 perc

Adagok: 4

Nehézségi szint: nehéz

Hozzávalók:

- <u>A páchoz és a steakhez</u>
- 1 csésze száraz vörösbor
- 3 gerezd fokhagyma, felaprítva
- 2 evőkanál extra szűz olívaolaj
- 1 evőkanál alacsony nátriumtartalmú szójaszósz
- 1 evőkanál szárított kakukkfű
- 1 teáskanál dijoni mustár
- 2 evőkanál extra szűz olívaolaj
- 1-1 1/2 font szoknyasteak, laposvas steak vagy trivet steak
- <u>A gombás szószhoz</u>
- 2 evőkanál extra szűz olívaolaj
- 1 font cremini gomba, negyedelve
- ½ teáskanál tengeri só
- 1 teáskanál szárított kakukkfű
- 1/8 teáskanál frissen őrölt fekete bors
- 2 gerezd fokhagyma, felaprítva
- 1 csésze száraz vörösbor

Javallatok:

A pác és a steak elkészítéséhez

Egy kis tálban habosra keverjük a bort, a fokhagymát, az olívaolajat, a szójaszószt, a kakukkfüvet és a mustárt. Zárható zacskóba öntjük, és hozzáadjuk a steaket. Pácold be a steaket a hűtőszekrényben 4-8 órán keresztül. Vegye ki a steaket a pácból, és papírtörlővel törölje szárazra.

Forraljuk fel az olívaolajat egy nagy serpenyőben, amíg megpuhul.

Helyezze el a steaket, és süsse oldalanként körülbelül 4 percig, amíg mindkét oldala jól megpirul, és a steak belső hőmérséklete eléri a 140 °F-ot. Vegye ki a steaket a serpenyőből, és helyezze alufóliával borított tányérra, hogy hűvös maradjon. forrón, amíg elkészíti a gomba szósz.

Amikor a gombaszósz kész, szeletelje fel a steaket a gabonával szemben ½ hüvelyk vastag szeletekre.

A gombás szósz elkészítéséhez

Az olajat ugyanabban a serpenyőben, közepes lángon felforraljuk. Hozzáadjuk a gombát, a tengeri sót, a kakukkfüvet és a borsot. Körülbelül 6 percig főzzük, nagyon ritkán kevergetve, amíg a gomba megpirul.

A fokhagymát megdinszteljük. Keverje hozzá a bort, és egy fakanál oldalával kaparja le a megbarnult darabokat a serpenyő aljáról.

Addig főzzük, amíg a folyadék mennyisége felére csökken. A gombát a steakre kanalazva tálaljuk.

Táplálkozás (100 grammonként): 405 kalória 5 g zsír 7 g szénhidrát 33 g fehérje 842 mg nátrium

Görög húsgombóc

Elkészítési idő: 20 perc

Főzési idő: 25 perc

Adagok: 4

Nehézségi szint: közepes

Hozzávalók:

- 2 szelet teljes kiőrlésű kenyér
- 1 ¼ font őrölt pulyka
- 1 tojás
- ¼ csésze fűszerezett teljes kiőrlésű zsemlemorzsa
- 3 gerezd fokhagyma, felaprítva
- ¼ vöröshagyma, lereszelve
- ¼ csésze apróra vágott friss olasz petrezselyem
- 2 evőkanál apróra vágott friss mentalevél
- 2 evőkanál apróra vágott friss oregánólevél
- ½ teáskanál tengeri só
- ¼ teáskanál frissen őrölt fekete bors

Javallatok:

Melegítse elő a sütőt 350 ° F-ra. Helyezzen sütőpapírt vagy fóliát a sütőlapra. Futtassa meg a kenyeret víz alatt, hogy megnedvesítse, és nyomja ki a felesleget. A beáztatott kenyeret apró darabokra vágjuk, és egy közepes tálba tesszük.

Adjuk hozzá a pulykát, a tojást, a zsemlemorzsát, a fokhagymát, a lilahagymát, a petrezselymet, a mentát, az oregánót, a tengeri sót és a borsot. Jól összekeverni. Formázz a keverékből ¼ csésze golyókat. Helyezze a pogácsákat az előkészített tepsire, és süsse körülbelül 25 percig, vagy amíg a belső hőmérséklet el nem éri a 165 °F-ot.

Táplálkozás (100 grammonként):350 kalória 6 g zsír 10 g szénhidrát 42 g fehérje 842 mg nátrium

Bárányhús zöldbabbal

Elkészítési idő: 10 perc

Főzési idő: 1 óra

Adagok: 6

Nehézségi szint: nehéz

Hozzávalók:

- ¼ csésze extra szűz olívaolaj, osztva
- 6 bárányszelet, extra zsírral megtisztítva
- 1 teáskanál tengeri só, osztva
- ½ teáskanál frissen őrölt fekete bors
- 2 evőkanál paradicsompüré
- 1 és fél csésze meleg víz
- 1 kiló zöldbab, levágva és keresztben félbevágva
- 1 hagyma, apróra vágva
- 2 paradicsom, apróra vágva

Javallatok:

Főzzünk 2 evőkanál olívaolajat egy nagy serpenyőben, amíg csillogni nem kezd. Fűszerezze a bárányszeleteket 1/2 teáskanál tengeri sóval és 1/8 teáskanál borssal. Süssük a bárányt a forró olajban oldalanként körülbelül 4 percig, amíg mindkét oldala megpirul. Helyezze a marhahúst egy tálra, és tegye félre.

Tegyük vissza a serpenyőt a tűzre, és adjuk hozzá a maradék 2 evőkanál olívaolajat. Addig melegítjük, amíg világít.

Egy tálban oldjuk fel a paradicsompürét forró vízben. Tegye a forró serpenyőbe a zöldbabbal, a hagymával, a paradicsommal és a maradék ½ teáskanál tengeri sóval és ¼ borssal együtt. Forraljuk fel, egy kanál oldalával kaparjuk ki a megbarnult darabokat a serpenyő aljáról.

Tegyük vissza a bárányszeleteket a serpenyőbe. Hagyja felforrni, és állítsa a hőt közepes-alacsonyra. Pároljuk 45 percig, amíg a bab megpuhul, és szükség szerint adjunk hozzá még vizet a szósz vastagságának beállításához.

Táplálkozás (100 grammonként): 439 kalória 4 g zsír 10 g szénhidrát 50 g fehérje 745 mg nátrium

Csirke paradicsomszószban és balzsamecmártásban

Elkészítési idő: 10 perc
Főzési idő: 20 perc
Adagok: 4
Nehézségi szint: közepes

összetevőket

- 2 (8 uncia vagy 226,7 g) csont nélküli, bőr nélküli csirkemell
- ½ tk. só
- ½ tk. Őrölt bors
- 3 evőkanál. extra szűz olívaolaj
- ½ c. koktélparadicsom félbevágva
- 2 evőkanál. szeletelt mogyoróhagyma
- ¼ c. balzsamecet
- 1 evőkanál. darált fokhagyma
- 1 evőkanál. pirított édesköménymag, összetörve
- 1 evőkanál. vaj

Javallatok:

A csirkemellet 4 részre vágjuk, és egy kalapáccsal ¼ hüvelyk vastagságúra verjük. Használjon ¼ teáskanál borsot és sót a csirke bevonásához. Egy serpenyőben hevíts fel két evőkanál olajat, és tartsd a hőt közepes hőmérsékleten. A csirkemelleket mindkét oldalukon három percig sütjük. Tányérra tesszük és fóliával letakarjuk, hogy meleg legyen.

Adjunk hozzá egy evőkanál olajat, medvehagymát és paradicsomot egy serpenyőbe, és főzzük, amíg megpuhul. Adjuk hozzá az ecetet, és forraljuk fel a keveréket, amíg a felére csökken. Tedd bele az édesköménymagot, a fokhagymát, sózd, borsozd és főzd körülbelül négy percig. Vegyük le a tűzről és keverjük össze a vajjal. Ezt a szószt a csirkére öntjük és tálaljuk.

Táplálkozás (100 grammonként): 294 kalória 17 g zsír 10 g szénhidrát 2 g fehérje 639 mg nátrium

Barna rizs saláta feta sajttal, friss borsóval és mentával

Elkészítési idő: 10 perc

Főzési idő: 25 perc

Adagok: 4

Nehézségi szint: könnyű

Hozzávalók:

- 2 c. barna rizs
- 3 c. vízesés
- só
- 5 oz. vagy 141,7 g morzsolt feta sajtot
- 2 c. főtt borsó
- ½ c. apróra vágott menta, friss
- 2 evőkanál. olivaolaj
- Só, bors

Javallatok:

Tegye a barna rizst, a vizet és a sót egy serpenyőbe közepes lángon, fedje le és forralja fel. Csökkentse a hőt, és addig főzzük, amíg a víz fel nem oldódik, és a rizs puha, de rágós lesz. Hagyjuk teljesen kihűlni

Adja hozzá a fetát, a borsót, a mentát, az olívaolajat, a sót és a borsot egy salátástálba a kihűlt rizzsel, és keverje össze. Tálaljuk és élvezzük!

Táplálkozás (100 grammonként): 613 kalória 18,2 g zsír 45 g szénhidrát 12 g fehérje 755 mg nátrium

Integrált pita kenyér olajbogyóval és csicseriborsóval töltött

Elkészítési idő: 10 perc

Főzési idő: 20 perc

Adagok: 2

Nehézségi szint: közepes

Hozzávalók:

- 2 zseb teljes kiőrlésű pita kenyér
- 2 evőkanál. olivaolaj
- 2 gerezd fokhagyma, felaprítva
- 1 hagyma, apróra vágva
- ½ tk. kömény
- 10 fekete olajbogyó, apróra vágva
- 2 c. főtt csicseriborsó
- Só, bors

Javallatok:

Vágja fel a pita zsebeket, és tegye félre. Állítsa a hőt közepesre, és tegyen a helyére egy serpenyőt. Adjuk hozzá az olívaolajat és melegítsük fel. A fokhagymát, a hagymát és a köményt a forró serpenyőbe keverjük, és addig keverjük, amíg a hagyma megpuhul és a kömény illatosodik. Adjuk hozzá az olajbogyót, a csicseriborsót, sózzuk és borsozzuk, és addig keverjük, amíg a csicseriborsó aranybarna nem lesz.

Vegyük le a serpenyőt a tűzről, és a fakanállal durván törjük össze a csicseriborsót úgy, hogy egy része ép, másik része összetörjön.

Töltsd meg őket a csicseriborsó keverékkel és élvezd!

Táplálkozás (100 grammonként): 503 kalória 19 g zsír 14 g szénhidrát 15,7 g fehérje 798 mg nátrium

Sült sárgarépa dióval és Cannellini babbal

Elkészítési idő: 10 perc

Főzési idő: 45 perc

Adagok: 4

Nehézségi szint: közepes

Hozzávalók:

- 4 sárgarépa meghámozva, apróra vágva
- 1 c. Diófélék
- 1 evőkanál. édesem
- 2 evőkanál. olivaolaj
- 2 c. konzerv cannellini bab, lecsepegtetve
- 1 szál friss kakukkfű
- Só, bors

Javallatok:

A sütőt állítsuk 400 F/204 C-ra, és egy tepsit vagy tepsit béleljünk ki sütőpapírral. Helyezzük a sárgarépát és a diót a kibélelt tepsire vagy serpenyőre. Csepegtessünk olívaolajat és mézet a sárgarépára és a dióra, majd dörzsöljük végig, hogy minden darab be legyen vonva. Szórjuk meg a babot a tepsire, és helyezzük a sárgarépába és a dióba.

Adjuk hozzá a kakukkfüvet, szórjuk meg mindent sóval, borssal, tegyük be a serpenyőt a sütőbe, és süssük körülbelül 40 percig.

Tálaljuk és élvezzük

Táplálkozás (100 grammonként): 385 kalória 27 g zsír 6 g szénhidrát 18 g fehérje 859 mg nátrium

Fűszerezett vajas csirke

Elkészítési idő: 10 perc

Főzési idő: 25 perc

Adagok: 4

Nehézségi szint: közepes

Hozzávalók:

- ½ c. Nehéz tejszínhab
- 1 evőkanál. só
- ½ c. Csont leves
- 1 evőkanál. Bors
- 4 evőkanál. Vaj
- 4 fél csirkemell

Javallatok:

Helyezzük a serpenyőt a sütőbe közepes lángon, és adjunk hozzá egy evőkanál vajat. Miután a vaj felforrósodott és felolvadt, beletesszük a csirkét, és mindkét oldalát öt percig sütjük. Ezen idő végére a csirkének át kell főznie és aranybarnára kell sülnie; ha igen, tedd egy tálra.

Ezután adjuk hozzá a csontlevest a forró serpenyőbe. Adjuk hozzá a tejszínhabot, sózzuk, borsozzuk. Ezután hagyja békén a serpenyőt, amíg a szósz forrni nem kezd. Hagyja ezt a folyamatot öt percig, hogy a szósz besűrűsödjön.

Végül hozzáadjuk a többi vajat és a csirkét a serpenyőbe. Ügyeljen arra, hogy egy kanál segítségével öntse a szószt a csirkére, és teljesen megfojtsa. Szolgál

Táplálkozás (100 grammonként):350 kalória 25 g zsír 10 g szénhidrát 25 g fehérje 869 mg nátrium

Dupla csirke szalonnával és sajttal

Elkészítési idő: 10 perc

Főzési idő: 30 perc

Adagok: 4

Nehézségi szint: könnyű

Hozzávalók:

- 4 oz. vagy 113g. Sajtkrém
- 1 c. Csedár sajt
- 8 csík szalonna
- Tengeri só
- Bors
- 2 gerezd fokhagyma, finomra vágva
- Csirkemell
- 1 evőkanál. Szalonna zsír vagy vaj

Javallatok:

Készítse elő a sütőt 400 F / 204 C-on Vágja félbe a csirkemelleket, hogy vékony legyen

Sóval, borssal és fokhagymával ízesítjük. Egy tepsit kikenünk vajjal, és belehelyezzük a csirkemelleket. Adjuk hozzá a krémsajtot és a cheddar sajtot a mellek tetejére

Hozzáadjuk a szalonnaszeleteket is Tegye a serpenyőt a sütőbe 30 percre. Forrón tálaljuk

Táplálkozás (100 grammonként): 610 kalória 32 g zsír 3 g szénhidrát 38 g fehérje 759 mg nátrium

Garnélarák citrommal és borssal

Elkészítési idő: 10 perc

Főzési idő: 10 perc

Adagok: 4

Nehézségi szint: könnyű

Hozzávalók:

- 40 hámozott garnélarák, meghámozva
- 6 gerezd darált fokhagyma
- Só és fekete bors
- 3 evőkanál. olivaolaj
- ¼ tk. édes paprika
- Egy csipet őrölt pirospaprika pehely
- ¼ tk. reszelt citromhéj
- 3 evőkanál. Sherry vagy más bor
- 1 és fél evőkanál. szeletelt metélőhagyma
- 1 citrom leve

Javallatok:

Állítsa a hőt közepesen magasra, és tegyen egy serpenyőt.

Adjuk hozzá az olajat és a garnélarákot, szórjuk meg borssal és sózzuk, és főzzük 1 percig, tegyük bele a paprikát, a fokhagymát és a paprikapelyhet, keverjük össze és főzzük 1 percig. Óvatosan keverjük hozzá a sherryt, és főzzük még egy percig

A garnélarákot levesszük a tűzről, hozzáadjuk a metélőhagymát és a citromhéjat, összekeverjük és tányérokra tesszük. Adjunk hozzá citromlevet, és tálaljuk

Táplálkozás (100 grammonként): 140 kalória 1 g zsír 5 g szénhidrát 18 g fehérje 694 mg nátrium

Panírozott és fűszerezett laposhal

Elkészítési idő: 5 perc

Főzési idő: 25 perc

Adagok: 4

Nehézségi szint: könnyű

Hozzávalók:

- ¼ c. apróra vágott friss metélőhagyma
- ¼ c. apróra vágott friss kapor
- ¼ tk. Őrölt feketebors
- ¾ c. panko zsemlemorzsa
- 1 evőkanál. extra szűz olívaolaj
- 1 teáskanál. a finomra reszelt citromhéjat
- 1 teáskanál. tengeri só
- 1/3 c. apróra vágott friss petrezselyem
- 4 (6 uncia vagy 170 g) laposhal filé

Javallatok:

Egy közepes tálban keverjük össze az olívaolajat és a többi hozzávalót a laposhal filé és a zsemlemorzsa kivételével.

Helyezze a laposhal filét a keverékbe, és pácolja 30 percig Melegítse elő a sütőt 400 F / 204 C-ra. Helyezze a fóliát a tepsire, kenje meg főzőspray-vel. Merítse a filét zsemlemorzsába és helyezze sütőlapra. Süssük 20 percig Forrón tálaljuk

Táplálkozás (100 grammonként):667 kalória 24,5 g zsír 2 g szénhidrát 54,8 g fehérje 756 mg nátrium

Curry lazac mustárral

Elkészítési idő: 10 perc

Főzési idő: 20 perc

Adagok: 4

Nehézségi szint: könnyű

Hozzávalók:

- ¼ tk. őrölt pirospaprika vagy chili por
- ¼ tk. kurkuma, őrölt
- ¼ tk. só
- 1 teáskanál. édesem
- ¼ tk. fokhagyma por
- 2 tk. teljes kiőrlésű mustár
- 4 (6 uncia vagy 170 g) lazacfilé

Javallatok:

Egy tálban keverjük össze a mustárt és a többi hozzávalót, kivéve a lazacot. Melegítsük elő a sütőt 350 F / 176 C-ra. Egy tepsit kikenünk főzőpermettel. Helyezze a lazacot bőrös felével lefelé a tepsire, és egyenletesen terítse el a mustáros keveréket a filéken. Helyezze a sütőbe, és süsse 10-15 percig, vagy amíg pelyhes nem lesz.

Táplálkozás (100 grammonként): 324 kalória 18,9 g zsír 1,3 g szénhidrát 34 g fehérje 593 mg nátrium

Diós és rozmaringos kérges lazac

Elkészítési idő: 10 perc

Főzési idő: 25 perc

Adagok: 4

Nehézségi szint: közepes

Hozzávalók:

- 1 font vagy 450 g. fagyasztott lazacfilé bőr nélkül
- 2 tk. dijoni mustár
- 1 gerezd fokhagyma, felaprítva
- ¼ tk. Citromhéj
- ½ tk. édesem
- ½ tk. kóser só
- 1 teáskanál. friss apróra vágott rozmaring
- 3 evőkanál. panko zsemlemorzsa
- ¼ tk. apróra vágott pirospaprika
- 3 evőkanál. Apróra vágott dió
- 2 tk. extra szűz olívaolaj

Javallatok:

Melegítse elő a sütőt 215°C-ra, és sütőpapírral bélelje ki a peremes tepsit. Egy tálban keverjük össze a mustárt, a citromhéjat, a fokhagymát, a citromlevet, a mézet, a rozmaringot, a törött pirospaprikát és a sót. Egy másik tálban keverjük össze a diót, a pankot és az 1 teáskanál olajat. Tegyünk sütőpapírt a tepsire, és helyezzünk lazacot a tetejére

Kenjük rá a mustáros keveréket a halra, és öntsük rá a panko keveréket. A maradék olívaolajjal enyhén meglocsoljuk a lazacot. Süssük körülbelül 10-12 percig, vagy amíg a lazac el nem választja a villát. Forrón tálaljuk

Táplálkozás (100 grammonként): 222 kalória 12 g zsír 4 g szénhidrát 0,8 g fehérje 812 mg nátrium

Gyors spagetti paradicsommal

Elkészítési idő: 10 perc

Főzési idő: 25 perc

Adagok: 4

Nehézségi szint: közepes

Hozzávalók:

- 8 oz. vagy 8 oz spagetti
- 3 evőkanál. olivaolaj
- 4 gerezd fokhagyma, szeletelve
- 1 jalapeno, szeletelve
- 2 c. koktélparadicsom
- Só, bors
- 1 teáskanál. balzsamecet
- ½ c. Reszelt parmezán sajt

Javallatok:

Forraljunk fel egy nagy fazék vizet közepes lángon. Adjunk hozzá egy csipet sót és forraljuk fel, majd adjuk hozzá a spagettit. Hagyja 8 percig főni. Amíg a tészta fő, felforrósítjuk az olajat egy serpenyőben, és hozzáadjuk a fokhagymát és a jalapenót. Főzzük még 1 percig, majd keverjük hozzá a paradicsomot, a borsot és a sót.

5-7 percig főzzük, amíg a paradicsom héja fel nem reped.

Adjuk hozzá az ecetet és vegyük le a tűzről. A spagettit jól csepegtessük le, és keverjük össze a paradicsomszósszal. Megszórjuk sajttal és azonnal tálaljuk.

Táplálkozás (100 grammonként): 298 kalória 13,5 g zsír 10,5 g szénhidrát 8 g fehérje 749 mg nátrium

Sült chilis oregánó sajt

Elkészítési idő: 10 perc

Főzési idő: 25 perc

Adagok: 4

Nehézségi szint: könnyű

Hozzávalók:

- 8 oz. vagy 8 oz feta sajt
- 4 oz. vagy 113 g mozzarella, morzsolva
- 1 szeletelt chili
- 1 teáskanál. szárított oregánó
- 2 evőkanál. olivaolaj

Javallatok:

Helyezze a fetát egy kis mély tepsibe. A tetejét mozzarellával, majd borsszeletekkel és oregánóval ízesítjük. fedjük le a serpenyőt. Előmelegített sütőben 350 F / 176 C-on 20 percig sütjük. Tálaljuk a sajtot és élvezzük.

Táplálkozás (100 grammonként): 292 kalória 24,2 g zsír 5,7 g szénhidrát 2 g fehérje 733 mg nátrium

311. Ropogós olasz csirke

Elkészítési idő: 10 perc

Főzési idő: 30 perc

Adagok: 4

Nehézségi szint: könnyű

Hozzávalók:

- 4 csirkecomb
- 1 teáskanál. szárított bazsalikom
- 1 teáskanál. szárított oregánó
- Só, bors
- 3 evőkanál. olivaolaj
- 1 evőkanál. balzsamecet

Javallatok:

A csirkét jól fűszerezzük bazsalikommal és oregánóval. Egy serpenyőben adjunk hozzá olajat és melegítsük fel. Adjuk hozzá a csirkét a forró olajhoz. Hagyja mindkét oldalát 5 percig aranybarnára sütni, majd fedje le a serpenyőt.

Csökkentse a hőt közepesre, és süsse 10 percig az egyik oldalát, majd fordítsa meg többször a csirkét, és süsse további 10 percig, amíg ropogós nem lesz. Tálaljuk a csirkét és élvezzük.

Táplálkozás (100 grammonként): 262 kalória 13,9 g zsír 11 g szénhidrát 32,6 g fehérje 693 mg nátrium

Fűszerezett buggyantott körte

Elkészítési idő: 10 perc

Főzési idő: 15 perc

Adagok: 4

Nehézségi szint: könnyű

Hozzávalók:

- 2 csésze vizet
- 2 csésze vörösbor
- ¼ csésze méz
- 4 egész szegfűszeg
- 2 fahéj rúd
- 1 csillag ánizs
- 1 teáskanál vaníliarúd paszta
- 4 Bartlett körte, meghámozva

Javallatok:

Helyezzen minden elemet az Instant Pot®-ba, és keverje össze. Fedje le, állítsa a gőzkioldót Sealing állásba, nyomja meg a Manual Instant Pot® gombot. Keverjük össze. Zárja le a fedelet, engedje ki a gőzt a Seal-ig, kattintson a Kézi gombra, és aktiválja a riasztót 3 percre.

Amikor az időzítő sípol, gyorsan engedje el a nyomást, amíg az úszószelep le nem esik. Válassza a Mégse lehetőséget, és nyissa meg. Tegyük át a körtéket egy tányérra, és hagyjuk hűlni 5 percig. Forrón tálaljuk.

Táplálkozás (100 grammonként): 194 kalória 5 g zsír 4 g szénhidrát 1 g fehérje 366 mg nátrium

Áfonya almaszósz

Elkészítési idő: 10 perc

Főzési idő: 20 perc

Adagok: 8

Nehézségi szint: könnyű

Hozzávalók:

- 1 csésze egész áfonya
- 4 közepes fanyar alma, meghámozva, kimagozva és lereszelve
- 4 közepesen édes alma, meghámozva, kimagozva és lereszelve
- 1 ½ evőkanál reszelt narancshéj
- ¼ csésze narancslé
- ¼ csésze sötétbarna cukor
- ¼ csésze kristálycukor
- 1 evőkanál sótlan vaj
- 2 teáskanál őrölt fahéj
- ½ teáskanál őrölt szegfűszeg
- ¼ teáskanál őrölt fekete bors
- 1/8 teáskanál só
- 1 evőkanál citromlé

Javallatok:

Tegye az összes hozzávalót az Instant Pot®-ba. Ezután zárja le, állítsa a Kézi gombot és az időt 5 percre. Amikor az időzítő sípol, hagyja, hogy a nyomás természetes módon engedjen fel körülbelül 25 percig. Nyissa ki a fedelet. A gyümölcsöt villával enyhén pépesítjük. Jól összekeverni. Melegen vagy hidegen tálaljuk.

Táplálkozás (100 grammonként): 136 kalória 4 g zsír 3 g szénhidrát 9 g fehérje 299 mg nátrium

Áfonya összetétele

Elkészítési idő: 10 perc

Főzési idő: 0 perc

Adagok: 8

Nehézségi szint: közepes

Hozzávalók:

- 1 zacskó (16 oz) fagyasztott áfonya, felolvasztva
- ¼ csésze cukor
- 1 evőkanál citromlé
- 2 evőkanál kukoricakeményítő
- 2 evőkanál vizet
- ¼ teáskanál vanília kivonat
- ¼ teáskanál reszelt citromhéj

Javallatok:

Adja hozzá az áfonyát, a cukrot és a citromlevet az Instant Pot®-hoz. Fedje le és nyomja meg a Kézi gombot, és állítsa be az időt 1 percre.

Amikor az időzítő sípol, hirtelen engedje el a nyomást, amíg az úszószelep le nem esik. Nyomja meg a Mégse gombot, és nyissa meg.

Nyomja meg a Saute gombot. Keverjük össze a kukoricakeményítőt és a vizet. Keverjük hozzá az áfonyás keverékhez, és főzzük, amíg a keverék fel nem forr és besűrűsödik, körülbelül 3-4 percig. Nyomja meg a Mégse gombot, és keverje hozzá a vaníliát és a citromhéjat. Azonnal tálaljuk, vagy tálalásig hűtőbe tesszük.

Táplálkozás (100 grammonként): 57 kalória 2 g zsír 14 g szénhidrát 7 g fehérje 348 mg nátrium

Aszalt gyümölcs kompót

Elkészítési idő: 5 perc

Főzési idő: 20 perc

Adagok: 6

Nehézségi szint: közepes

Hozzávalók:

- 8 uncia szárított sárgabarack, negyedelve
- 8 uncia szárított őszibarack, negyedelve
- 1 csésze arany mazsola
- 1 és fél csésze narancslé
- 1 fahéjrúd
- 4 egész szegfűszeg

Javallatok:

Keverjük össze. Zárja be, válassza a Kézi gombot, és állítsa be az időt 3 percre. Amikor az időzítő sípol, hagyja, hogy a nyomás természetes módon engedjen fel körülbelül 20 percig. Nyomja meg a Mégse gombot, és nyissa fel a fedelet.

Távolítsa el és dobja ki a fahéjrudat és a szegfűszeget. Nyomja meg a Sauté gombot és párolja 5-6 percig. Forrón tálaljuk, majd letakarva hűtjük egy hétig.

Táplálkozás (100 grammonként): 258 kalória 5 g zsír 8 g szénhidrát 4 g fehérje 277 mg nátrium

Csokoládé rizspuding

Elkészítési idő: 10 perc

Főzési idő: 20 perc

Adagok: 6

Nehézségi szint: könnyű

Hozzávalók:

- 2 csésze mandulatej
- 1 csésze hosszú szemű barna rizs
- 2 evőkanál Hollandiában feldolgozott kakaópor
- ¼ csésze juharszirup
- 1 teáskanál vanília kivonat
- ½ csésze apróra vágott étcsokoládé

Javallatok:

Tegye a mandulatejet, a rizst, a kakaót, a juharszirupot és a vaníliát az Instant Pot®-ba. Zárja be, majd válassza a Kézi gombot, és állítsa az időt 20 percre. Amikor az időzítő sípol, hagyja a nyomást 15 percig természetesen engedni, majd gyorsan engedje el a maradék nyomást. Nyomja meg a Mégse gombot, és nyissa fel a fedelet. Forrón, csokoládéval megszórva tálaljuk.

Táplálkozás (100 grammonként): 271 kalória 8 g zsír 4 g szénhidrát 3 g fehérje 360 mg nátrium

www.ingramcontent.com/pod-product-compliance
Lightning Source LLC
Chambersburg PA
CBHW070410120526
44590CB00014B/1333